중국의 힘力

국립중앙도서관 출판시도서목록(CIP)

중국의 힘 / 지은이: 조관희. -- 파주 : 청아출판사, 2015
　　p. ;　cm

ISBN 978-89-368-1068-9 03910 : ₩15000

중국문화[中國文化]
중국사[中國史]
중국(국명)[中國]

912-KDC6
951-DDC23　　　　　　　　CIP2015009948

중국의 힘

초판 1쇄 발행 · 2015. 4. 20.
초판 2쇄 발행 · 2015. 7. 5.

지은이 · 조관희
발행인 · 이상용 이성훈
발행처 · 청아출판사
출판등록 · 1979. 11. 13. 제9-84호
주소 · 경기도 파주시 회동길 363-15
대표전화 · 031-955-6031　팩시밀리 · 031-955-6036
E-mail · chungabook@naver.com

ISBN　978-89-368-1068-9　　　03910

* 잘못된 책은 구입한 서점에서 바꾸어 드립니다.
* 본 도서에 대한 문의 사항은 이메일을 통해 주십시오.
* 이 책에 사용된 사진 중 저작권을 찾지 못한 사진은 확인되는 대로 허가 절차를 진행하겠습니다.

중국을 이해하는 8가지 키워드

조관희 지음

중국의 힘力

청아출판사

중국을 이해하는 8가지 키워드

우리에겐 너무나 잘 알려져 진부하기까지 한 이야기입니다만, 중국은 상상하기 어려울 정도로 넓은 영토와 많은 인구를 가진 나라입니다. 거기에 5천 년이 넘는 오랜 역사를 가진 나라이기도 합니다. 특히 우리는 지리적인 이유 때문에 유사 이래로 중국과 떼려야 뗄 수 없는 관계를 맺고 있습니다. 그렇지만 20세기 이후에는 정치적인 이유로 한동안 서로 오갈 수 없는 상황에 놓이기도 했습니다.

1992년 중국과의 수교는 해방 이후 단절되었던 두 나라의 역사가 새로운 국면을 맞이하는 하나의 계기가 되었습니다. 많은 사람들이 그 옛날 황금의 땅 엘도라도를 찾아 떠났듯 중국이라는 매력적인 시장을 하나의 기회로 삼으려 했습니다. 그러나 잘 알려져 있듯이 그러한 시도 끝에 성공을 거둔 사람은 그리 많지 않았습니다. 모든 실패의 근원에는 하나의 원인이 자리하고 있었으니, 대적해 싸워야 할 적에 대해 무지했다는 것입니다. 한마디로 한국 사람들이 중국에 대해 품고 있는 가장 큰 오해 가운데 하나는 우리가 문화적으로 꽤 오랫동안 중국의 영향을 받으면서 살아왔고, 그런만큼 우리가 중국 문화에 대해 잘 알고 있다는 착각입니다.

어떻게 보면 우리는 해방 이후 물밀듯 밀려들어 온 서구 문화에 더 익숙하게 길들여져 있는지 모릅니다. 그에 반해 사회주의 체제를 고수하고 있는 중국은 우리와는 정치와 경제뿐 아니라 문화적으로도 많은 차이를 보이고 있는 게 사실입니다. 그렇다고 우리가 중국의 고대 문화에 대해 갖고 있는 지식이 대단한 것도 아니니 사실상 중국에 대해 아는 게 별로 없다고 해도 과언이 아닐 정도입니다.

최근에는 이를 극복하려는 시도들이 곳곳에서 이루어지고 있는데, 그 가운데 하나가 방송을 통해 중국을 소개하는 것입니다. 이러한 노력에 지은이 역시 동참한 바 있는데, 2009년에 MBC의 자회사인 MBC 라이프 채널 개국을 위해 제작된 프로그램인 6부작 〈인문기행 중국〉 1, 2회에 '베이징' 편을 진행한 적이 있습니다. 2014년에는 KBS 교양 프로그램 가운데 하나인 〈인문강단 락樂〉에서 새해를 맞이하여 '중국'이라는 키워드로 모두 6차례의 강의를 했습니다. 당시 진행했던 강의 내용은 다음과 같습니다.

2014년 1월 16일 13회

조관희 교수의 중국을 이해하는 6가지 키워드 1강—황黃

2014년 1월 23일 14회

조관희 교수의 중국을 이해하는 6가지 키워드 2강—전쟁

2014년 2월 06일 15회

조관희 교수의 중국을 이해하는 6가지 키워드 3강—역사

2014년 2월 20일 16회

조관희 교수의 중국을 이해하는 6가지 키워드 4강—사합원

2014년 2월 27일 17회

조관희 교수의 중국을 이해하는 6가지 키워드 5강—홍루몽

2014년 3월 06일 18회

조관희 교수의 중국을 이해하는 6가지 키워드 6강—베이징

이것은 나중에 인터넷 신문 〈프레시안〉에서 운영하는 인문학습원에서 오프라인 강의로도 진행한 바 있습니다. 이때 기왕의 여섯 가지 주제에 '문화대혁명'과 '장성'이라는 두 가지 항목을 추가해서 강의는 모두 8강으로 진행되었습니다. 이 책은 바로 이 8강의 강의를 글로 풀어낸 것입니다.

여기서 한 가지 고백할 것은 이 책은 새롭게 쓴 것이 아니라 오프라인 강의를 위해 지은이가 그동안 펴낸 책들 가운데 해당되는 부분들을 가려 뽑

은 뒤 다시 손을 본 것이라는 사실입니다. 이를테면 음반으로 말하자면 일종의 컴필레이션 앨범compilation album인 셈입니다. 컴필레이션 앨범은 장르구분 없이 좋은 음악만을 골라 담은 선집 앨범을 가리키는데, 한 장의 앨범으로 여러 히트곡을 들을 수 있다는 장점이 있어 사람들에게 폭넓은 사랑을 받고 있습니다. 하지만 책의 경우에는 각각의 항목들이 유기적으로 연결되지 않는다는 단점 또한 있는 게 사실입니다.

아울러 이 책에서 소개하고 있는 8가지 키워드는 독자들에게 사뭇 낯설고 새롭게 느껴질 수도 있는 것들입니다. 그러나 이와 동시에 각 키워드는 현대 중국을 이해하는 데 결코 소홀히 지나칠 수 없는 것들이기도 합니다. 아무쪼록 이 책이 독자분들에게 중국에 대한 인식의 지평을 넓히는 데 조금이라도 도움이 되었으면 합니다.

2015년 4월

조관희

일러두기

이 책에 나오는 중국인들의 인명과 지명은 고대나 현대를 불문하고 모두 원음으로 표기하였다. 아울러 중국어의 한글 표기는 문화체육부 고시 제1995-8호 '외래어 표기법'에 의거하되, 여기에 부가되어 있는 표기 세칙은 적용하지 않았다.

중국을 이해하는 키워드 1

KEYWORD

황   색

중국인에게 황색이 어찌 황제에게만 의미 있는 색이었겠는가? 중국인의 마음속에 어머니 강으로 남아 있는 황허의 물빛이 그러하고, 황허의 범람으로 비옥해진 황토 고원의 색이 그러하며, 그 땅에 의지해 살고 있는 사람들의 얼굴색이 그러함에랴! 이때부터 황색은 좁게는 황제를, 넓게는 중국 전체를 대표하는 색이 되었다.

오르도스란 무엇인가?

　중국 문명의 역사는 만리장성을 하나의 분계선으로 삼아 북쪽의 유목 민족과 남쪽의 농경민족이 대립하고 투쟁한 역사라 해도 과언이 아니다. 그런데 중국 역사를 찬찬히 살펴보면, 의외로 유목 민족들이 중국 역사에서 중요한 역할을 해 온 것을 확인할 수 있다. 역대 왕조를 보아도 만주족의 청나라와 몽골족이 세운 원나라를 비롯해 이들 유목 민족들이 세운 나라가 제법 많이 있다. 수나라와 당나라만 해도 겉으로 보기엔 한족인 양씨楊氏와 리씨李氏가 세운 나라 같지만, 수나라를 세운 양젠楊堅이나 당나라를 세운 리위안李淵 역시 한화漢化한 유목 민족의 후예들이다. 그러나 현재는 유목 민족과 농경민족의 구분이 더 이상 존재하지 않는다. 흔히 중국 문명

을 가리켜 용광로와 같다는 비유를 하는데, 한때 무력을 앞세워 중원을 침범했던 유목 민족 대부분이 중원 문화에 동화되어 자신들의 언어도 잃어버린 채 사라졌던 것이다.

잘 알려져 있듯이 중국에는 50여 개가 넘는 다양한 민족들이 살고 있다. 이 가운데 전체 인구 비례로 볼 때 절대 다수를 차지하고 있는 것은 한족漢族이다. 그런데 사실 한족이라는 개념은 그 정체성을 구체적으로 규정하는 것이 불가능하다. 따라서 한족은 인종적인 개념도 아니고 특정 종교를 중심으로 한 개념도 아닌, 범박한 의미에서 일종의 문화적 개념으로 보는 것이 타당하다. 곧 한족이라는 개념은 유사 이래로 중국 땅에서 살아온 수많은 이들이 서로 부딪히고 뒤섞이는 가운데 만들어진 하나의 관념 체계인 것이다. 그런 까닭에 예전의 농경민족이니 유목 민족이니 하는 구분들은 이제는 그 정체를 알 수 없는 '한족'이라는 기표signifiant에 갇혀 자취를 찾아볼 수 없는 게 사실이다.

중국의 지형은 서고동저, 곧 서쪽이 높고 동쪽이 낮은 형태를 띠고 있다.

따라서 중국의 큰 강들은 대부분 서쪽에서 동쪽을 향해 흐른다. 칭하이靑海의 고원에서 발원한 황허黃河 역시 그러한데, 특이한 것은 황허의 물줄기이다. 황허는 단순히 동쪽을 향해 흐르는 것이 아니라 어느 지점에선가 북쪽을 향해 방향을 틀어 한동안 북진하다 동쪽으로 흐른 뒤 다시 남쪽으로 방향을 틀었다가 결국 동쪽으로 흘러간다. 이것은 해당 지역의 지형이 남쪽이 높고 북쪽이 낮기 때문인데, 이렇게 황허의 물길을 따라 형성된 남북으로 길쭉한 평원 지대를 '오르도스Ordos'라 부른다.

이곳은 기본적으로는 황토 고원 위에 자리 잡고 있으면서, 사막과 초원, 염호鹽湖 등이 어우러져 독특한 풍광을 이룬다. 100미터가 넘는 엄청난 두께의 황토 고원이 있는가 하면, 사막 안에 느닷없이 푸른 물이 넘실대는 호수가 있고, 그 밖에는 황량한 초원이 이어져 있는 것이다. 한편 이 지역은 연 강수량 200밀리미터 정도의 건조 지대임에도 황허의 물을 끌어 대는 관개 수로가 열려 '변방 북쪽의 강남塞北江南'이라는 말을 들을 정도로 풍요로운 농업 지대를 이루었다.

대개 중국의 고대 문명은 흔히 '중원'이라 불리는 황허 이남과 양쯔 강 이북 지역에서 발흥했다. 그런데 오르도스 지역은 전체적으로 볼 때는 황허의 이북이면서 실제로는 황허의 이남에 해당하는 묘한 위치에 놓여 있다. 중국 역사를 돌이켜 보면 바로 이 오르도스를 놓고 북방의 유목 민족과 남방의 농경민족이 뺐고 빼앗기는 싸움을 끊임없이 되풀이했다는 사실을 알 수 있다. 이곳은 유목 민족들에게는 남방으로 진출하는 중요한 출구 가운데 하나였고, 상대적으로 중원의 농경민족들에게는 그들을 방어하기 위한 전략상의 요충지였던 것이다.

✚
사막이 있고, 그 사이로 황허가 흘러 녹지를 이루고 있다. ⓒ 조관희, 2014

　그래서 중국의 역대 왕조는 이곳을 중요하게 여겨 방어에 힘썼다. 전국 시대에는 이곳에 자리했던 조趙나라가 인산陰山에 장성을 쌓았고, 이어 진시황秦始皇이 천하를 통일한 뒤에는 당시 흉노족을 북으로 쫓아내고 조나라 장성을 만리장성의 일부로 삼았다. 한나라에 들어서는 흉노가 세력을 다시 떨쳐 일시 이 지역을 빼앗겼으나, 한 왕조의 국세가 절정에 달했던 한무제漢武帝 때에는 다시 이곳에 쉬팡朔方, 우위안五原, 윈중雲中, 시허西河 등 여러 군郡을 두어 다스렸다.

　하지만 한나라가 망하고 잠시 등장했던 삼국 시대를 진晉나라가 통일한 뒤에는 다시 유목 민족들이 중원에 진출했다. 쓰마씨司馬氏의 진나라가 내

✛
진나라 장성은 기본적으로 흙으로 쌓은 토장성이다. 세월에 풍화되어 그저 단순한 밭두둑으로 보인다.
ⓒ 조관희, 2006

분에 빠지자, 상대 세력을 견제하기 위해 북방의 다섯 오랑캐 민족을 불러 들였던 것이다. 그러나 결국 이들 유목 민족의 손에 의해 진나라는 통일 후 36년 만에 망하고, 양쯔 강 이남의 젠예(建業, 지금의 난징)로 도망쳐 동진東晉 을 세워 명맥을 이어 갔다. 그 뒤로는 북방의 유목 민족 왕조와 남방의 한 족 왕조가 대치하는 남북조 시대가 한동안 이어졌다.

그때까지 '오르도스' 지역은 유목 민족이 지배하다가, 수隋가 남북조를 통일한 뒤로 다시 한족들이 진출했다. 당唐 대에는 여러 주가 설치되었고, 당 말기에는 티베트 계통의 탕구트黨項 족이 서하西夏를 세웠다가 칭기즈 칸에게 멸망당한 뒤 몽골족이 지배했다. 칭기즈 칸은 서역 정벌을 마치고

+
현대에 다시 조성된 칭기즈 칸의 무덤 ⓒ 조관희, 2006

돌아오다 바로 이곳에서 세상을 떠났는데, 그의 무덤은 세간에 알려지지 않았다. 다만 현대에 들어서 오르도스 북동쪽의 이진훠뤄치伊金霍洛旗에는 칭기즈 칸의 무덤이 새롭게 조성되었다.

이후 명 대와 청 대를 거치면서 오르도스는 중국의 변방 지역으로 전락해 역사의 뒷전으로 밀려났다. 그러나 중국 역사를 통틀어 볼 때, 오르도스야말로 중국 역사를 좌지우지했던 농경민족과 유목 민족이 첨예하게 대립하며 중국 문명을 만들어 냈던 극적인 무대라 할 수 있다. 그리고 이 오르도스를 만든 것이 바로 문명의 시원이자 젖줄이었던 황허였던 것이다.

황허와 황토 고원

　인류 역사에서 운위되는 4대 문명은 모두 강을 끼고 시작되었다. 그 4대 문명 가운데 하나인 황허 문명은 아예 그 이름부터 문명의 성격을 그대로 보여 주고 있다. 곧 중국의 문명은 황허가 만들어 낸 것이라 해도 과언이 아니다. 그래서 중국인들은 황허를 '어머니 강母親河'으로 부른다.

　황허는 중국의 한복판이라 할 수 있는 칭하이 성青海省에서 발원해 황해까지 5천여 킬로미터를 흐르며 많은 땅을 적셔 주고 있다. 황허의 발원지는 중국 칭하이 성 바옌커러 산맥巴顔喀拉山脈에 속해 있는 해발 5,442미터의 야허라다쩌산雅合拉達澤山에서 발원하는 웨구쭝례 거約古宗列渠이다.

　이곳에서 시작된 물줄기는 칭하이 성의 남동부 고원 지대를 동쪽으로 관통해 쓰촨 성四川省의 경계에 이르렀다가 다시 간쑤 성甘肅省 남부를 거친 뒤 여기서 다시 칭하이 성으로 되돌아간다. 칭하

✛
황허의 발원지

이 성의 성도인 시닝西寧의 남쪽을 동류한 물길은 류쟈샤劉家峽의 협곡을 지나 간쑤 성의 성도 란저우에 이르러 북동쪽으로 흐름을 바꾸었다가 닝샤寧夏의 성도인 인촨銀川의 동쪽을 지나 네이멍구內蒙古 자치구 오르도스 지방으로 들어간다. 바오터우巴頭 부근까지 동쪽으로 흐르던 강물은 산시 성山西省 허취 현河曲縣 부근에서 남하해 퉁관潼關 부근에서 또다시 동으로 진로를 바꾸어 싼먼샤三門峽를 거쳐 산시와 허난 성河南省 경계를 흘러 황토 고원黃土高原을 관통한다. 여기부터는 줄곧 동쪽을 향해 화베이 평야華北平野를 적신 뒤 마지막으로 산둥 성山東省 컨리 현墾利縣에서 보하이 만渤海灣으로 들어간다.

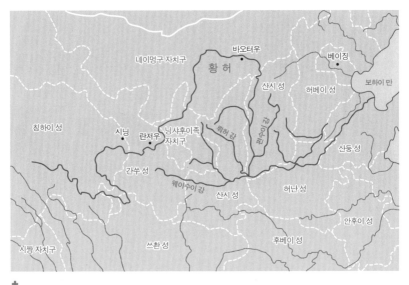

✛
황허 수계도

　황허의 유역 면적은 75만 2,443제곱킬로미터다. 이 지역은 반건조 지역
으로 연 강수량이 적은 편이다. 하지만 비가 내릴 때는 한꺼번에 집중적으
로 내리기 때문에 홍수로 인한 피해가 극심했다. 그래서 황허의 치수는 중
국의 역대 왕조가 가장 심혈을 기울였던 국가의 대사 가운데 하나였다. 중
국 전설상의 인물인 우禹 임금과 얽힌 황허 치수에 대한 이야기는 그러한
사정을 대변해 주는 좋은 예라 할 수 있다.

　황허의 치수를 어렵게 했던 것은 바로 황허에 섞여 있는 황토 모래 때문
이었다. 황토는 토질이 성기고 부드럽기 때문에 비가 내리면 쉽게 흘러내
려 강물에 섞인다. 그래서 황허의 물에는 다량의 진흙이 포함되어 있는데,
황허의 물을 받아 한동안 모래를 가라앉히면 그 누렇던 물이 말갛게 변한

다. 이렇게 강물에 포함된 진흙 성분은 4~5퍼센트만 되어도 상당히 높은 수치라 할 수 있으며, 세계적으로 이름난 강에도 이 정도의 진흙 성분이 포함되어 있다. 하지만 황허에 포함된 진흙 성분은 무려 40~60퍼센트에 이르러, 다른 지역의 강들에 비해 약 10여 배 정도 많다.

이렇듯 진흙이 많기 때문에 강바닥 역시 빠른 속도로 상승해 중하류 구간은 대부분 천정천天井川을 이룬다. 이렇게 하상이 높아진 강물은 이따금씩 제방을

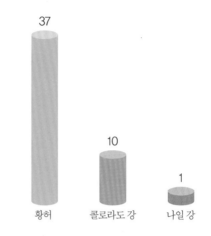

세계 3대 하천 토사 함유량 비교(제곱미터당 1킬로그램)

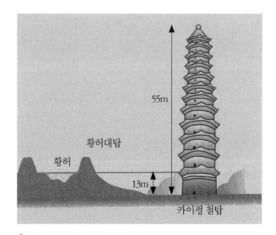

송의 수도였던 카이펑은 대표적인 천정천의 모습을 보여 준다. 중국 10대 탑인 카이펑 철탑의 높이와 카이펑 인근을 흐르는 황허의 하상을 비교한 것이다.

파괴하고 드넓은 평야를 멋대로 흐르면서 물줄기를 바꾸기도 한다. 기록에 의하면, 과거 3천 년 동안 범람과 제방의 파괴는 1,500회 이상, 하도河道

+
황허의 댐에 쌓이는 토사를 배출하기 위해 가끔씩 댐의 수문을 열어 토사를 하류로 흘려보낸다.

의 변천은 26회에 이르고, 특히 큰 하도의 변화도 9회나 되며 그 피해도 막대했다.

이것으로 황허 유역 지역에서는 황토의 퇴적이 중대한 문제였을 것이라는 사실을 쉽게 알 수 있다. 현대에는 황허의 곳곳에 댐을 만들어 황허의 수량을 조절하고 있는데, 수량 못지않게 댐의 바닥에 쌓이는 진흙을 제거하는 것도 중요하다. 그래서 가끔 댐의 수문을 열어 강물을 대량으로 방류하면서 바닥에 쌓인 모래를 하류로 흘려보낸다. 그러면 댐 하류의 강물에는 순간적으로 진흙 양이 많아지며, 이 때문에 강물 속의 물고기들이 숨을 쉬기 위해 강가로 몰려든다. 물 반, 고기 반인 강물에서 사람들이 뜰채로

✛
황허의 후커우 폭포 ⓒ 조관희, 2005

물고기를 건져 올리는 진풍경이 벌어지기도 한다.

　참고로 우리는 우리의 산하를 푸른 산과 맑은 물山紫水明로 표현하는데, 과연 우리 땅을 흐르는 강들은 중국의 강들처럼 탁하지 않고 맑게 흐른다. 이는 한반도의 지질학적 특성 때문인데, 한반도를 이루고 있는 땅덩이는 지질학적으로 볼 때 노년기 지층에 해당하기 때문에 씻겨 내려갈 것들은 이미 오랜 세월을 두고 모두 씻겨 내려가 물이 맑다는 것이다. 하지만 진흙이 다량 포함되어 있는 강물에는 유기 물질이 풍부하므로, 주기적으로 범람하는 강 유역의 땅은 농사를 짓기에 적합하여 인류 문명의 발상지 역할을 충실히 수행할 수 있었다.

+
황토 고원을 흐르는 황허의 모습

아득하게 먼 옛날 유라시아 대륙의 한 귀퉁이에 어마어마한 양의 황토
가 쌓였다. 그곳에 오랜 세월 동안 비가 내리고 시내가 흐르는 과정을 거쳐
황토 고원은 물줄기에 따라 깊은 계곡이 형성되었다. 사람들은 그 고원의
능선을 따라 등고선처럼 밭을 일구고 살아갔으며, 그들이 왕래하는 길은
능선을 따라 끝없는 호를 그리며 고원을 오르내렸다.

이러한 황토 고원은 평균 고도가 해발 1,500미터에 이를 정도로 두터운
데, 바로 이곳에서 중국 문명이 태동했다. 그렇다면 중국의 문명은 왜 황토
고원에서 시작된 것일까? 미국에서 활동했던 중국인 역사학자 레이 황(중국
이름은 황런위黃仁宇)은 다음과 같이 설명한다.

✛
비행기에서 내려다 본 황토 고원 ⓒ 조관희, 2007

중국의 농업은 황하 중류 지역에 있는 황토 지대에서 처음 시작됐다. 황토는 땅을 수직으로 팔 수 있을 뿐만 아니라, 그 속에는 물을 밑에서 위로 끌어올리는 연결관인 모세관이 많이 형성돼 있다. 땅 밑에 있는 수분이 위로 올라오기 때문에 관개를 할 필요가 없다. 여기에 토질이 성글고 부드러워서 초기 농업에 사용된 원시적인 도구로도 경작이 가능했다.*

_____

* 레이 황, 권중달 옮김, 《허드슨 강변에서 중국사를 이야기하다》, 푸른역사, 2001, 62쪽.

+
황허 중류부 란저우 인근에 세워진 류쟈샤 댐 ⓒ 조관희, 2007

그럼에도 황토 고원에는 비가 잘 내리지 않아 물이 귀했고, 벼농사 등이 불가능했다. 우리가 중국인에 대해 갖고 있는 편견 가운데 하나인 '중국 사람들은 잘 씻지 않는다'라는 것은 바로 이러한 지리적 특성에서 비롯된 것이다. 나아가 강수량이 부족해 건조한 황토 고원의 기후에서는 오히려 목욕을 너무 자주 해도 피부에 문제를 일으킬 수 있다. 그래서 이 지역을 여행하는 여행자들은 여행하는 동안 내내 물의 소중함에 대한 말을 귀에 못이 박히도록 들어야만 한다.

연전에 나온 중국 영화 〈목욕洗澡〉에는 이 지역의 물 사정을 극명하게 보여 주는 일화가 삽입되어 있다. 황토 고원에 위치한 산시山西의 한 집안에서 딸을 시집보내려는 데 시집가기 전날 집에 딸을 목욕시킬 물이 없었다. 할 수 없이 아버지는 나귀에 좁쌀을 한 말 싣고 나가 좁쌀 한 됫박과 물 한 됫박을 바꿔 딸을 목욕시켰다. 물 한 됫박과 좁쌀 한 됫박을 일대일 교환해야 할 정도로 이곳에서는 물이 귀했다는 것이다.

과연 황허의 재해는 홍수보다는 가뭄으로 인한 피해가 더욱 자심했다. 십년구한(十年九旱, 10년 중 9년은 가물다)이라는 말이 있듯이, 황허 유역에서는 용수 부족 때문에 농사는 물론이고 일상생활에도 많은 어려움을 겪은 바

✛
류자샤 댐 건설로 맑아진 황허 ⓒ 조관희, 2007

있다. 이렇듯 홍수와 가뭄으로 고통을 겪는 황허의 치수를 위해 역대 왕조
는 많은 노력을 기울였고, 이러한 사정은 1949년 신중국 수립 이후에도 달
라지지 않았다. 1955년, 중국 정부는 황허의 수해를 근절하고 용수 부족을
해결하기 위한 종합 계획을 수립하고 황허의 중류부에 댐을 건설했다.

댐 건설과 함께 황허에 포함된 진흙 양을 줄이고자 황토 고원 지대의 수
토 유실 방지 공사를 동시에 진행해 황허의 물을 맑게 하고, 이 물을 발전發
電과 관개, 주운舟運에 이용하는 대사업에 착수하였다. 그 결과 황허의 홍수
가 조절이 가능해지고 관개 사업으로 농사의 효율성도 높아지는 등 효과
가 나타났다.

✦
류자샤 댐 상류로 올라가면 강물은 여전히 흙탕물이다. 전형적인 카르스트 지형으로 기이한 경관을 자랑하는 빙링쓰 협곡 ⓒ 조관희, 2007

　그렇다고는 해도 환경 파괴로 인한 기후 변화 등으로 황허의 수량水量은 갈수록 줄어들어 화베이 평원의 관개에 필요한 물의 양이 절대적으로 부족한 상황이다. 때문에 현재는 양쯔 강 이남 하천의 물을 북으로 공급하는 '남수북조南水北調' 계획도 추진되고 있다.

　남수북조는 1952년 마오쩌둥毛澤東이 "남쪽은 물이 풍부하지만 북쪽은 물이 부족하니 가능하다면 남쪽의 물을 북쪽으로 끌다 쓰면 좋겠다."라고 말한 것이 계기가 되었다. 그러나 마오쩌둥의 구상이 현실화된 것은 그로부터 한참 뒤인 2000년대에 들어서다. 남수북조의 노선은 동선과 중선, 서선으로 구분되며, 동선은 2002년에 착공되어 2013년에 완공되었으며,

중선은 2003년에 시작해 2014년에 완공되었다. 그리고 티베트의 고산 지대에 터널을 뚫어 양쯔 강 물을 칭하이 성과 간쑤 성, 네이멍구 자치구 등으로 보내려는 서부선 사업은 아직 착공되지 못했다.

이것은 그 옛날 수나라의 양제煬帝가 대운하를 개착한 것에 비견될 만한 대역사로 그 의의가 자못 심대하다. 하지만 동선과 중선이 완공되었음에도 본격적인 가동은 조금 더 시간이 걸릴 예정이다. 가장 큰 걸림돌은 용수의 가격과 물길 관리 방안 등 실무적인 차원의 문제라 할 수 있다. 용수의 가격이 너무 싸면 물을 낭비할 염려가 있고, 물길의 관리 역시 적재적소에 필요한 만큼의 물을 제때 공급해야 한다는 등의 문제를 해결해야 한다.

그러나 무엇보다 남수북조가 환경에 미칠 영향은 인간의 예상을 뛰어넘는 것이어서 이에 대한 신중론은 1960년대부터 지속적으로 나오고 있는 실정이다. 지질학자와 생태 전문가 대부분은 이 사업이 자연환경을 파괴할 것이며 그에 비해 경제적 효과는 그리 크지 않을 것으로 예상하고 있다. 물을 얻는 쪽은 좋겠지만, 물이 빠져나가는 양쯔 강 쪽은 오히려 물 부족 사태를 빚을 것이고, 수로가 길어지면 물이 오염될 것이기 때문이다. 결국 이 사업을 통해 얻게 될 이득과 손해는 크게 보면 양자가 상쇄되거나 손해가 더 커질 수도 있다.

결국 황허 치수의 문제는 과거의 문제가 아니라 현재의 문제이며, 그런 의미에서 중국 역사를 관통하는 하나의 관건이라 할 수 있다. 먼 옛날 우 임금이 그랬듯 황허를 다스리는 자가 천하를 얻을 것이고, 황허를 제대로 관리하지 못하면 중국의 미래는 그만큼 암울해질 것이다.

중국인들은 왜
황색을 좋아할까?

　황토 고원 위를 흐르는 강물의 색깔도 누렇고, 거기에 기대 살아 온 사람들의 피부 역시 황색이다. 이렇듯 황색은 중국을 대표하는 색 가운데 하나로 알려져 있다. 또 한 가지 중국을 대표하는 색은 붉은색이다. 이 두 가지 색이 가장 잘 어우러져 있는 것이 바로 현재의 중국 국기다.

　'오성홍기五星紅旗'라는 이름으로 더 잘 알려져 있는 중국의 국기는 빨간색 바탕 위에 노란색 별 다섯 개가 점철되어 있다. 빨간색은 전통적으로 혁명을, 별의 색깔이 노란 것은 광명을 의미하며, 사회주의 혁명과 건설에서 새로운 승리를 성취하는 것을 상징한다. 이 가운데 가장 큰 노란 별은 중국 인민정치협상회의 및 중국 공산당을 나타내고, 작은 별 네 개는 중화인민공화국 탄생 당시 노동자, 농민, 지식계급, 애국적 자본가의 4계급으로 성립된 인민을 의미한다.

　애당초 중국 공산당은 국민당에 비해 상대적으로 열세에 놓여 있었다. 이에 마오쩌둥은 자신들이 수행해야 할 혁명을 민주주의 혁명과 사회주의 혁명, 두 단계로 나누었다. 마오쩌둥은 노동자, 농민이 주도하는 사회주의 혁명의 전 단계로서 소자본가 계급과 민족 부르주아 계급까지 참여하는 민주주의 혁명의 필요성을 주장했던 것이다. 이렇듯 '정협'으로 약칭되는 중국인민정치협상 회의는 다양한 종교와 민족 그리고 계층의 목소리를 대변하고자 만들어진 것으로 제1차 전국인민대표회의가 개최되기 이전까지 중국을 상징하는 최고 권력기구였다. 현재의

✦
오성홍기

중국은 사회주의를 표방하지만, 실제로는 다양한 계층의 사람들이 연합해 만들어진 나라인 것이다. 노란색은 그렇게 출발한 정권의 밝은 미래를 표상한다.

그런데 노란색은 밝은 색감 때문에 광명이나 '밝은 미래' 등을 떠올리게 하지만, 시기나 질투 등과 같은 부정적인 이미지도 함께 갖고 있다. 곧 모든 색 중에서 가장 상반된 색감을 가지고 있는 것이 노란색인 것이다. 그만큼 노란색은 우리에게 다양한 느낌을 준다. 본래 순수한 노란색은 진리를 나타낸다. 서양에서는 노란색이 그리스 신화에 나오는 아폴론의 색이라 믿었고, 나아가 오늘날에는 흰색과 더불어 교황의 색이 되었다. 또 노란색은 황금 비율과 같이 완벽함을 의미하는 동시에, 관용과 아량, 고귀한 품성과 지혜, 포괄적인 직관, 합리적인 사고, 정신적 성숙, 수확 등과 같은 긍정적인 의미를 갖고 있다. 하지만 무엇보다 노란색은 부귀를 상징하는 황금을 떠올리게 한다. 그래서 한 사회의 발전이 최고조에 이르거나 개인의 일

+
해방과 자유를 상징하는 노란 풍선 © 조관희, 2009

생 가운데 가장 빛나는 한 시기를 일러 '황금기'라 일컬었던 것이다.

나아가 노란색은 희망과 해방과 자유를 상징하기도 한다. 초봄의 노란 개나리 물결은 곧이어 뒤따라올 초록의 향연을 예고하는 희망의 노래이다. 중국 후한 시대에 폭정에 시달리던 농민들이 머리에 노란 두건을 두르고 떨쳐 일어난 황건의 난이나, 필리핀에서 독재자 마르코스를 내쫓은 민중혁명은 모두 황색혁명이었다. 우리의 경우, 김대중과 노무현의 노란 목도리 역시 희망과 해방과 자유, 광명 등을 상징하는 것은 아니었을까?

아울러 노란색을 좋아하는 사람은 밝고 낙천적이며 호기심이 강하고 태연하다고 하는데, 이것은 대체로 중국인의 일반적인 성품과 많은 부분 들어맞는 것 같다. 그래서일까? 앞서 말한 바와 같이 중국 사람들이 좋아하고, 중국인들을 대표하는 색깔 역시 노란색과 붉은색이다. 이 가운데 붉은색은 경사스러움과 행운을 의미한다.

+ 진 시황의 천하 통일을 다룬 영화 〈영웅〉. 검은색이 진나라를 상징하는 것을 보여 준다.

하지만 중국인들이 처음부터 노란색, 또는 황색을 좋아했던 것은 아니다. 한나라 이전의 왕조는 각기 그 나름의 색을 숭배하였다. 이를테면 갑골문을 만들어 사용했던 상商나라는 백색을, 그 뒤를 이은 주周

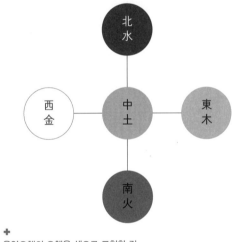

+ 음양오행의 오행을 색으로 표현한 것

나라는 적색을, 중국 최초로 천하를 통일했던 진秦나라는 흑색을 자신들을 상징하는 색으로 삼았다. 진을 뒤이은 한漢나라에서도 초기에는 적색을 숭배했다. 곧 한 고조 류방劉邦은 황제 헌원黃帝軒轅과 치우천황蚩尤天皇에게 제

✛
황제의 거처인 쯔진청의 황금 기와 물결 ⓒ 조관희, 2008

사 지내면서 깃발을 모두 적색으로 했던 것이다. 하지만 한 무제武帝 때 유가 사상을 국가의 통치 이념으로 삼으면서 황색이 천자를 의미하는 색깔로 확정되었다.

당시 유가 사상을 대표했던 둥중수董仲舒는 한 무제에게 오행의 이치를 설명하면서 동쪽은 청색, 서쪽은 백색, 남쪽은 적색, 북쪽은 흑색이며, 하늘의 아들天子로 하늘의 뜻을 대신 집행하는 황제의 땅인 중앙은 황색을 의미한다고 말했다. 이에 한 무제는 달력을 바꾸고 황제의 색깔도 황색으로 바꾸었다.

그런 까닭에 황색은 일차적으로 황제의 색이다. 황색의 기와는 황제가 머무는 궁전이나 기타 황제와 관련이 있는 건물에만 사용할 수 있었고, 황제의 의복이나 수레, 의장이 모두 황색으로 장식되었다. 황색은 일반 백성이 넘볼 수 없었던 고귀한 색으로, 황제의 신성함을 표현하기 위해 쓰였던 것이다.

하지만 중국인에게 황색이 어찌 황제에게만 의미 있는 색이었겠는가? 중국인의 마음속에 어머니 강으로 남아 있는 황허의 물빛이 그러하고, 황허의 범람으로 비옥해진 황토 고원의 색이 그러하며, 그 땅에 의지해 살고 있는 사람들의 얼굴색이 그러함에랴! 이때부터 황색은 좁게는 황제를, 넓게는 중국 전체를 대표하는 색이 되었다. 중국이라는 명칭이 '세계의 중심'이라는 뜻을 갖고 있듯이, 이에 걸맞게 천하의 중심을 의미하는 황색이 자연스럽게 중국을 대표하는 색이 되었다는 것이다.

중국을 이해하는 키워드 2

K E Y W O R D

역　사

인류 4대 문명 가운데 그 역사가 중단됨 없이 현재까지 이어지고 있는 것은 중국 문명뿐이다. 중국의 역사는 세계에서 유례를 찾기 힘들 정도로 긴 시간 동안 이어 오고 있다. 이것은 단순히 그 연원이 오래되었다는 것뿐 아니라, 지속성 또한 비교 대상이 없을 정도라는 것을 의미한다. 중국 역사는 갑골문에 기록된 내용으로 확인할 수 있는 시기로부터 현재까지 한 번도 중단되지 않고 계속되고 있는 것이다.

왜 역사를 공부하는가?

　인류 4대 문명 가운데 그 역사가 중단됨 없이 현재까지 이어지고 있는 것은 중국 문명뿐이다. 중국인들은 이를 자랑스럽게 생각하고 있다. 당연하게도 기나긴 역사의 무대에는 수없이 많은 왕조가 등장했다 사라져 갔다. 그 가운데 어떤 왕조는 긴 명맥을 유지했지만, 대다수의 왕조는 한 순간 빛을 내다 흔적도 없이 스러져 갔다. 흔히 창업創業보다 수성守成이 더 어렵다는 말이 나온 것은 그런 까닭에서였다.

　중국 역사에 등장했던 수많은 왕조의 흥망을 결정했던 두 가지 요소는 세금 징수와 인재 등용이었다. 나라의 재정이 튼튼해야 방비를 잘해 외적의 침입을 막아 내고, 내치 역시 잘 해낼 수 있는 법이다. 그러므로 각 왕조

는 세금 징수를 효율적으로 하고자 그 나름대로 갖가지 묘안을 창안해 냈다. 그리고 또 한 가지 문제는 권력의 정점에 있는 황제의 뜻을 대리하는 유능한 관리들을 어떻게 선발할 것인가 하는 것이었다. 곧 한 나라의 명운은 어떻게 세금을 잘 거두어 나라의 곳간을 튼실하게 하고, 얼마나 공평하게 인재를 등용해 나라를 잘 다스리느냐에 달렸던 것이다.

그렇기 때문에 왕조를 일으킨 모든 제왕들은 세금을 효율적으로 징수하고 인사를 공정하게 하려고 고심에 고심을 거듭했다. 그럼에도 어느 왕조는 실패하고 또 어느 왕조는 성공했던 것은 그러한 창업자의 초심을 후계자들이 잘 이어갔느냐 여부에 달려 있었다. 중국 역사에 수많은 왕조가 부침을 거듭했음에도 이러한 패턴은 계속 이어졌다.

그렇게 보자면, 지나간 역사는 그저 일회성으로 끝난 과거지사가 아니라 후대 사람들에게 일말의 교훈이 되는 훌륭한 귀감이 될 수도 있다. 누군가 말했듯이 하늘 아래 새로운 것은 없고 모든 것은 돌고 도는 것인지도 모른다. 중국인이 자신들의 역사를 소중하게 생각했던 이유도 여기에 있었다. 그들은 이전 왕조에서 일어났던 일들을 단순히 흘러지나간 일회적인 사건이 아니라 미구에 닥칠 사안들에 대한 하나의 전조로 여겼다.

그러므로 우리가 역사를 공부하는 것은 단순히 과거를 돌아보고 조상을 기리기 위한 것이 아니라 바로 '지금 여기에' 살고 있는 우리를 위한 것이다. 곧 역사를 공부한다는 것은 단순한 사실의 추구에만 그치지 않고 우리 자신의 잣대로 과거 사실을 재단하고 그것을 지금의 우리를 위해 이야기하는 것이라 할 수 있다. 그렇다면 과연 여기서 말하는 사실이란 무엇을 말하는 것일까?

1949년 10월 1일, 중국의 수도 베이징北京의 한가운데 있는 톈안먼天安門 광장에는 수많은 인파가 운집해 있었다. 오후 3시가 되자 광장을 한눈에 조감할 수 있는 톈안먼 위에 한 무리의 사람들이 보이기 시작했다. 그리고 중앙에 서 있던 마오쩌둥은 떨리는 목소리로 중화인민공화국의 건국을 선포하였다. 중국의 역사가들은 이날을 기점으로 수천 년간 이어 왔던 봉건 왕조, 곧 구중국舊中國이 역사의 뒤안길로 사라지고 인민이 진정한 주인이 되는 새로운 중국新中國이 시작되었다고 주장했다. 하지만 정작 그날의 사건 이후 톈안먼에는 무슨 일이 벌어졌을까? 마오쩌둥이 신중국의 수립을 선포한 것은 하나의 사건이지만, 그 사건으로 말미암아 톈안먼 자체에 무슨 물리적인 변화가 있었다거나 참석했던 이들 역시 키가 커졌다거나 입고 있는 옷 색깔이 변했다거나 하는 등의 변화가 일어난 것은 아니다. 감격에 겨워 기념식에 참석했던 이들은 기념식이 끝나자 모두들 집으로 돌아가 그 나름의 일상에 매몰되었을 것이다.

1949년 10월 1일 신중국의 수립을 선포하는 마오쩌둥

한편 프랑스 후기 구조주의 철학자인 질 들뢰즈는 이러한 사건으로 말미암아 의미가 생겨난다고 주장했다. 역사가들이 '신중국의 수립'이라고 의미를 부여하는 것은 1949년 10월 1일이라는 특정한 시점에 톈안먼 광장이라는 특정한 공간에서 마오쩌둥을 비롯한 한 무리의 사람들이 모인 가운데 마오쩌둥이 대표로 나서 마이크 앞에서 "중국 인민은 일떠섰다."라고 외친 사건이 있었기에 가능했다는 것이다. 하지만 모든 사건이 의미를 생성하는 것은 아니다. 이를테면 현재 시점에서 톈안먼 광장을 찾은 관광객 한 사람이 마오쩌둥을 떠올리면서 입장료를 내고 톈안먼에 올라 광장을 바라보며 마오쩌둥이 했던 말을 한다고 해서 어떤 의미가 생기는 것은 아니라는 것이다.

역시 들뢰즈에 따르면 사건이 의미를 낳는 것은 사건이 일정하게 조직

된 장場에 편입하거나, 어떤 일련의 사건 계열 안에 자리 잡음으로써 가능해진다고 한다. 곧 어떤 사건을 고립적으로 생각하면 모든 사건들이 무의미한 것일 수 있지만, 특정 사건이 특정한 맥락context에 놓이는 순간 의미가 생긴다는 것이다. 그런 의미에서 들뢰즈는 사건은 무의미인 동시에 의미를 가진다고 보았다. 누가 되었든 한 사람이 톈안먼에 올라 광장을 바라보고 무슨 말을 내뱉는 것 자체만 놓고 보면 무의미한 것이지만, 그것이 일련의 다른 사건들과 계열화되고 특정한 장에 놓이게 되면 의미가 생긴다는 것이다.

역사가들은 이것을 '사실事實'과 '사실史實'의 구분으로 설명한다. 역사는 기본적으로 과거에 일어났던 사건들을 기록하는 것이긴 하지만, 과거에 일어났던 사건이 모두 역사가 되는 것은 아니다. 단순히 과거에 일어났던 사건을 사실事實이라고 한다면, 이 가운데 역사가의 안목에 의해 선택된 '사실'은 사실史實이 된다. 곧 역사는 이러한 사실史實들의 기록인 것이다. 앞서 들뢰즈의 표현에 따르면 '의미 있는 사건'이 역사가 된다. 여기서 중요한 것은 '의미부여'와 '가려 뽑기(선택)'의 과정이다.

중국 고대의 역사서인 《춘추春秋》는 쿵쯔孔子가 '편집'한 것이다. 여기서 쿵쯔가 《춘추》를 편집한 행위는 곧 사실事實을 고찰하고考事, 어떤 예를 들어書法 숨겨진 의미大義를 찾아내는 일련의 과정을 가리킨다. 이런 일련의 행위는 결국 들뢰즈가 말한 '의미부여'와 '선택'의 과정을 실행에 옮긴 것이라 할 수 있다. 따라서 《춘추》는 쿵쯔가 바라본 역사이고, 쿵쯔의 생각에 의해 만들어진 역사인 것이다. 이에 쿵쯔는 《춘추》의 편집에 대해 강한 자부심을 갖는 한편으로 무한한 책임을 느껴 다음과 같이 말하기도 했다.

"나를 알아주는 사람은 《춘추》를 통해 그리할 것이요, 나를 욕하는 사람 역시 《춘추》로 인해 그리할 것이다知我者 其惟春秋乎 罪我者 其惟春秋乎."

문제는 이러한 의미부여와 선택의 과정에 사실상 절대적인 규준이라는 게 있을 수 없으므로, 이론적으로는 역사를 서술하는 사람에 따라 무수하게 많은 역사가 나온다는 사실이다. 이 문제는 오랫동안 역사가들을 괴롭혀 온 것이었다. 무수하게 많은 사람들이 저마다 서술하는 역사를 모두 인정한다면 상대주의에 빠질 위험이 있고, 반대의 경우에

✦
베이징 쿵먀오孔廟에 있는 쿵쯔 상 ⓒ 조관희, 2014

는 특정한 관점을 절대화하는 오류에 빠질 것이기 때문이다. 그래서 유사 이래로 역사가들이 추구했던 것은 어느 한쪽에 치우치지 않는 객관적인 시각을 갖고 사실을 있는 그대로 서술하는 것이었다. 이러한 입장을 극단으로 몰고 갔던 것이 실증사학이다. 실증사학의 대표격이라 할 수 있는 독일의 역사학자 레오폴트 랑케는 이렇게 주장했다.

"역사가는 우선 사실들을 철저하게 비판적으로 연구하고, 이들을 전체의 연관 관계 위에서 이른바 '원래 그 모습대로wie es eigentlich gewesen ist'만을 서술해야 한다."

그러나 당연한 이야기지만 '어느 한쪽에 치우치지 않는 객관적인 시각을 갖고 사실을 있는 그대로 서술'하려고 했던 실증사학자들의 생각은 결국 현실화될 수 없었다. 실제로 하나의 사실을 두고 여러 가지 해석과 의미부여가 가능하다고 할 때, 과연 어느 것이 올바른 것인가를 판정한다는 것은 얼마나 공허한 일인가? 다른 한편으로 사람에 따라 무수하게 많은 역사가 나올 수 있다는 것은 하나의 사실을 놓고도 다양한 의미부여가 가능하다는 것을 의미하기도 한다. 나아가 이런 의미부여를 통해 사실을 가려 뽑게 마련이다. 그런데 현실적으로는 사람마다 그러한 의미부여가 각자의 처지에 따라 다를 수 있기에 어떤 측면에서 보자면 역사는 상대적일 수밖에 없다. 실제로 하나의 역사적 사실을 놓고도 다양한 평가가 가능한 것 역시 이때문이다.

하지만 그렇다고 해서 역사가 극단적인 상대주의에 매몰되어 상황에 따라 이럴 수도 있고 저럴 수도 있다는 것을 의미하는 것은 아니다. 역사가 추구하는 것은 상대주의를 경계하면서도 어느 한쪽에 치우치지 않는 엄정한 객관성을 확보하는 것이라 할 수 있다. 그렇기에 역사가의 책무가 막중한 것이며, 이런 막중한 소임에 누가 되지 않고자 왕이나 황제가 절대 권력을 휘두르던 왕조 시대에도 사관이 서술한 사초史草는 누구도 볼 수 없게 한 것이다.

춘추필법,
미언대의와 일자포폄의 원리

앞서 말한 대로 중국의 역사는 세계에서 유례를 찾기 힘들 정도로 긴 시간 동안 이어 오고 있다. 이것은 단순히 그 연원이 오래되었다는 것뿐 아니라, 지속성 또한 비교 대상이 없을 정도라는 것을 의미한다. 중국 역사는 갑골문에 기록된 내용으로 확인할 수 있는 시기로부터 현재까지 한 번도 중단되지 않고 계속되고 있는 것이다. 중국의 장구한 역사를 기록한 사서史書는 헤아릴 수 없을 정도로 많지만, 그 가운데서도 《춘추春秋》는 현존하는 최고의 편년사編年史로 그 가치를 인정받고 있다. 편년사라는 말대로 《춘추》는 기원전 722년부터 기원전 480년까지의 노魯나라 역사를 연대별로 순차적으로 기록하고 있는데, 유명한 쓰마쳰司馬遷의 《사기》 이전에 나온 최초의 통사通史라 할 수 있다.

하지만 중국인들은 《춘추》에 단순한 사건의 기록을 넘어서 후대에 교훈이 될 만한 대의大義가 숨겨져 있다고 여겨 이 책을 단순히 사서史書가 아니라 주요한 경전으로까지 떠받들고 있다. 이렇듯 《춘추》가 역사서로서 남다른 의미를 갖게 된 것은 앞서 살펴본 대로 순전히 쿵쯔 때문이라 할 수 있다. 전하는 말로는 쿵쯔가 《춘추》를 편집한 뒤, 그 내용을 자신의 제자들에게 말로 설명했다고 한다. 쿵쯔가 《춘추》를 편집했다는 것은 사건에 내재해 있는 의미를 드러내고 자신의 도덕 철학을 전달하고자 경전에 있는 말을 가려 뽑았다는 것을 의미한다. 쿵쯔는 《춘추》에 단편적으로 실려 있는 사건들記事에 대해 도덕적 판단을 내렸고, 이러한 도덕적 판단을 통해 겉으로 보기에는 별 것 아닌 것처럼 보이는 하나의 사건에 어마어마한 의미를 담아내었다.

이를테면 노 희공僖公 28년의 기록에 다음과 같은 내용이 있다.

오월 계축일에 희공이 진 문공晉文公과 제 소공齊昭公, 송 성공宋成公, 채 장후蔡莊侯, 정 문후鄭文侯, 위 숙무衛叔武, 거 자비공莒茲丕公과 만나 젠투踐土에서 회맹했다.

五月癸丑公會晉侯齊侯宋公蔡侯鄭伯衛子莒子盟于踐土

……

겨울에 희공은 진 문공, 제 소공, 송 성공, 채 장후, 정 문공, 진 공공, 거 자비공, 주자, 진 목공秦穆公과 원溫 땅에서 만났다.

주 양왕周襄王은 허양河陽에서 사냥을 했다.

임신일에 희공은 주 양왕이 머무는 곳에서 그를 알현했다.

冬公會晉侯齊侯宋公蔡侯鄭伯陳子莒子邾子秦人于溫

天王狩于河陽

壬申公朝于王所

얼핏 보면 이 글은 노나라 희공이 여러 제후들과 만나고 나중에 주나라 양왕을 만나는 내용을 무미건조하게 서술한 것처럼 보인다. 하지만 5월에

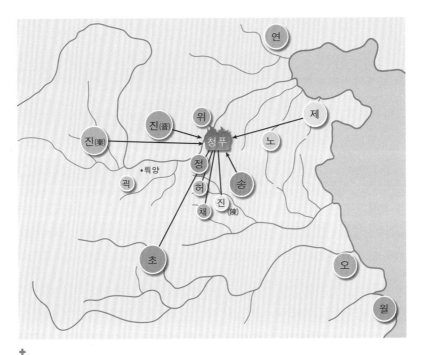

✛
청푸의 싸움 형세도

서 겨울에 이르는 사이에 사실은 엄청난 사건들이 연이어 벌어졌으니, 당시는 바야흐로 주나라의 위세가 점점 쇠약해지고 제후들이 천하에 할거하면서 서로 세력을 다투던 시기였다. 마침 남방의 초楚나라가 세력을 키워 중원을 넘보니 이에 대항하여 진 문공을 맹주로 한 연합군이 초의 대군을 청푸城濮에서 물리쳤다. 개선한 연합군은 젠투踐土에 모여 맹약을 맺고, 같은 해 겨울에 다시 지금의 허난 성河南省 원溫이라는 곳에서 다시 회맹했다.

처음 모임에 보이지 않던 진 목공이 겨울의 모임에 이름을 올렸는데, 이때 주의할 것은 원문을 보면 다른 사람들은 모두 작위를 붙여 불렀는데 당시 대국이었던 진秦나라는 오히려 순서도 마지막에 놓이고 이름도 진나라 사람秦人이라고만 호칭하고 있다는 사실이다. 그것은 진 목공 자신이 회맹에 직접 참가하지 않고 신하를 파견했기 때문에 그리한 것이었다.

아울러 주 양왕이 허양에서 사냥했다는 것 역시 다른 함의가 있다. 주나라 천자는 다른 제후국들과 격이 다르기에 사냥하는 곳 또한 정해진 곳이 따로 있었다. 허양은 진晉나라 땅으로, 주나라 천자가 사냥하는 곳이 아니었다. 곧 주 양왕이 허양에 간 것은 사냥이 아닌 다른 이유 때문이었다. 곧 진 문공이 제후들을 이끌고 주 양왕을 만나러 가면 불필요한 오해를 살까 저어하여 사냥을 핑계로 주 양왕을 허양으로 불러낸 뒤, 제후들을 소집해 주 양왕을 알현했던 것이다. 이에 대해 쿵쯔는 진 문공의 의도를 알고 있었음에도 어쨌든 신하가 임금을 불러낸 것은 후대에 교훈이 되지 못한다 하여 진 문공의 행위가 잘못이라는 것을 은연중에 비판했다.

이 밖에도 《춘추》에서는 전쟁이라도 대의명분이 있는 전쟁과 그렇지 못한 전쟁을 구분하고, 어느 한 사람이 왕위에 오를 때에도 정통성이 있는 왕과 그렇지 못한 왕을 구분했다. 곧 《춘추》라는 책은 일견 객관적인 사실을 담담하게 서술한 것처럼 보이지만, 그 안에는 숨겨진 의미를 담아내고 있다. 이것을 '말은 별 것 아닌 것처럼 보이지만 그 안에 큰 뜻을 담고 있는 것微言大義'이라 한다. 아울러 '사냥狩'이나 '진나라 사람秦人'과 같이 글자 하나로 시비是非와 포폄褒貶의 뜻을 표현한 것을 '한 글자로 칭찬과 비판을 동시에 하는 것一字褒貶'이라 한다. 이 '미언대의微言大義'와 '일자포폄一字褒貶'은 흔히 '춘추필법春秋筆法'이라 하여 후대 역사가들에게 글쓰기 전범으로 받들어지고 있다.

그런 저런 까닭에 《춘추》는 주의 깊게 읽어야 하는데, 그 내용이 쉽지 않기에 중국 역사와 유가 사상에 정통한 사람이 아니면 이해하기 어렵고, 배경 지식이 없는 상태에서 읽으면 끝까지 읽어내기 어려울 정도로 따분한 내용으로 일관되어 있다. 그래서 송나라 대학자인 왕안스(王安石, 1021~1086)는 《춘추》를 일컬어 '조각난 궁정 관보斷亂朝報'라 부르기도 했거니와, 《춘추》 원문만으로는 그 함의를 알기 어렵기에 예부터 《춘추》를 해석한 이른바 주석에 해당하는 '전傳'이 여럿 나왔다.* 하지만 무엇보다 중요한 것은 《춘추》라는 책의 가치가 단순한 사건의 서술에 그치지 않고 그에 대한 엄정한 평가를 내린 데 있다는 사실이다.

---

*대표적인 것으로는 가장 유명한 쮜츄밍左丘明이 지은 《춘추좌씨전春秋左氏傳》, 궁양가오公羊高가 지은 《춘추공양전春秋公羊傳》, 구량츠穀梁赤가 지은 《춘추곡량전春秋穀梁傳》 등이 있다. 이 가운데 《공양전》과 《곡량전》은 내용이 공허하고 소략하다는 평을 듣고 있다.

모든 역사는 현대사

앞서 역사가는 객관성을 추구한다고 했다. 그러나 객관성의 추구에는 어쩔 수 없이 한계가 있게 마련이며, 여기에 권력이 어떤 불순한 목적을 갖고 개입하면 객관적인 역사는 애당초 무망한 일이 되어 버릴 수도 있다. 중국이든 우리나라든 새로운 왕조가 들어서서 이전 왕조의 역사에 대해 편찬할 때 그런 식으로 폄하되고 왜곡하는 것이 그 실례라 할 수 있다. 그렇기 때문에 모든 역사는 일단 의심의 눈으로 볼 필요가 있고, 한 권의 책에 기대 어느 한 시대를 평가하는 일에는 항상 단순화의 위험이 따른다는 사실을 기억해야 한다.

일례로 우리 역사의 어느 한 시기를 이해하는 데 있어 우리는 《삼국사기》라는 역사서에 절대적으로 의지하고 있다. 그런데 잘 알려진 대로 《삼국사기》는 삼국 시대가 끝나고도 한참의 시간이 흐른 뒤 김부식(金富軾, 1075 ~1151) 등이 1143년부터 1145년까지 3년에 걸쳐 쓴 책이다. 김부식은 이 책을 지으면서 많은 자료를 참고했을 터이나 그가 보았던 자료들은 현재까지 남아 있는 것이 거의 없다. 곧 우리가 《삼국사기》를 비판하려 해도 비판할 근거가 애당초 존재하지 않는다는 것이다. 이런 상황에서 삼국 시대를 이해하려면 철저히 김부식의 눈을 통해 그 시대를 바라보아야 하는데, 앞서 살펴본 대로 김부식은 자신의 이해에 따라 사실에 대한 의미부여와 선택을 했을 것이다. 결국 우리가 삼국 시대를 이해할 때는 일면적인 한계를 가질 수밖에 없다.

그러므로 우리가 역사를 바라보고, 역사를 공부하는 것은 단순한 사실의 추구에 그치지 않고 우리 나름대로의 잣대로 과거 사실을 재단하는 일이 될 것이다. 김부식이 자기 나름대로 중요하다고 생각한 사건들을 가려 뽑아 정리했다면, 우리도 마찬가지로 현재 시점에서 의미 있는 사건들을 분석하고 해석해야 한다. 그런 맥락에서 보자면 역사는 오늘을 살아가는 우리가 끊임없이 새롭게 발견하고 공부하고 평가하면서 '만들어 가는 것'인지도 모른다. 그래서 영국의 역사학자 E. H. 카(Edward Hallett Carr, 1892~1982)는 역사란 '과거와 현재의 대화'라 설파하기도 했다. 과거의 사실은 여러 시대에 살았던, 살고 있는, 살아 갈 사람들과의 대화를 통해 새로운 의미가 드러난다는 뜻이리라. 결국 객관성의 담보 유무를 떠나서 역사의 뼈대를 이루고 있는 사실事實을 가려 뽑는 잣대는 공시적共時的일 수밖에 없다. 그래서 이탈리아의 철학자 베네데토 크로체(Benedetto Croce, 1866~1952)는 '모든 역사는 현대사'라고 주장하기도 했다.

역사상의 인물과 실제 사건은 변화하지 않는다. 과거로부터 전해 내려온 사실이 착오였다면 새로운 증거를 발견해서 고쳐 써야겠지만 말이다. 그러나 자료를 선택하거나 인과관계를 배열하는 것은 역사를 쓰는 사람과 역사책을 읽는 사람의 입장에 따라서 달라진다. 저명한 경제사학자인 슘페터가 말했듯이, 과거의 사실을 배열하는 작업에서 역사가가 담당해야 할 가장 중요한 임무는 동시대 사람들의 입장을 가지고 합리적으로 해석하는 일이다.*

그렇기 때문에 역사를 바라보고 마주할 때는 한 번쯤 이제까지 자기가 당연하다고 여겨 왔던 것을 의심해 볼 필요가 있다. 우리가 알고 있는 모든 것이 그때까지 발견된 자료에 근거해 추론한 결과에 지나지 않는다면, 후세의 어느 시점에는 새로운 자료의 발굴 등을 통해 이제까지 정설로 받아들여졌던 것이 뒤집힐 수도 있다는 생각을 할 수 있어야 한다는 것이다. 이를테면 19세기 말 갑골문이 발견된 이후 현재까지의 연구 결과에 의해 우리는 명 대나 청 대에 살았던 사람들보다 상商나라의 역사에 대해 더 잘 알게 되었다. 과거의 어느 시점에 가까운 시대에 살던 사람들보다 오히려 훨씬 이후에 살고 있는 사람들이 그 시기에 대해 더 잘 알 수 있다는 역설이 성립하게 되는 것이다. 마찬가지로 우리의 후손들이 우리보다 과거의 사실에 대해 더 많은 것을 알 수도 있다.

따라서 역사를 공부할 때 중요한 것은 연표를 외우거나 사람 이름을 외우는 것이 아니라, 나아가 불확실한 자료에 기대 사실事實을 추구하는 게 아니라, 우리가 막연하게나마 '아마 그랬을 것이라 믿고 있는' 과거의 사실史實을 통해 '현재를 살아가기 위한 교훈'을 얻는 일이다. 이를테면 서기 383년에 전진前秦의 황제 푸젠符堅은 군대를 일으켜 페이수이淝水에서 동진의 군사와 일전을 벌였다. 여기에서 중요한 것은 서기 383년도 아니요, 푸젠이라는 인물도 아니다. 이 전쟁으로 말미암아 남북조의 대치 상황이 고착화되었고, 그로써 창쟝長江 이남 지역의 개발이 활발하게 이루어져 황허

---

*레이 황, 앞의 책, 31쪽.

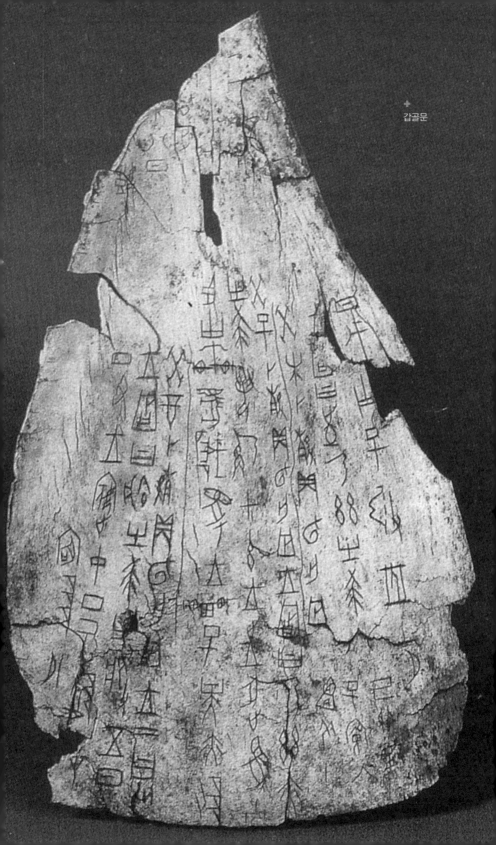

이남과 창쟝 이북 지역을 중심으로 한 '중원'을 넘어서 중국의 강역이 확장되었다는 것이 좀 더 중요한 의미를 갖는다.

같은 맥락에서 명나라가 서기 몇 년에 멸망하고 청이 그 자리를 대신했는지는 중요하지 않을 수도 있다. 모든 왕조의 흥망성쇠를 들여다보면 망하기 직전에는 여러 가지 말기적 현상들이 나타나게 되는데, 그 가운데 하나가 신분 질서의 고착화이다. 곧 기득권을 가진 귀족 계급의 세력이 공고해지면서 더 이상 신분 질서의 타파를 통한 사회적 이동Social Mobility이 어려워지면, 상층부는 부패하고 상대적으로 백성들의 삶은 피폐해진다. 그리하여 '관리들의 핍박에 백성들이 반란을 일으키고官逼民反', '반란의 빌미가 위에서부터 주어지며亂自上作', '핍박받아 어쩔 수 없이 도적이 될 수밖에 없는逼上梁山' 상황이 벌어져 결국 나라가 망하고 새로운 세력이 그것을 대신하게 되는 것이다. 과연 명에서 청으로 넘어가는 시기에도 이와 같은 현상이 벌어졌다. 그런데 현재에도 그와 유사한 사회현상이 나타나고 있다면 이에 대한 경각심을 가질 필요가 있지 않겠는가.

온고지신,
역사는 우리를 현명하게 만든다

　결국 우리가 역사를 공부하는 목적은 중고등학교 때 배웠던 대로 단순히 연표를 외우고 사건의 전말을 이해하는 데 그치는 게 아니라, 과거 사실에 대한 지식의 축적을 통해 인류 역사를 관통하는 법칙성을 이해한 뒤 '지금 여기nunc stans'에 살고 있는 우리가 안고 있는 문제를 해결하는 데 도움을 얻는 것이라 할 수 있다. 그래서 어떤 이는 말했다.

　"역사는 우리를 현명하게 만든다."

　그러므로 역사를 단순히 연대를 외우고 사람 이름 외우는 것쯤으로 이해하는 것은 무지의 소치거나 역사에 대한 몰이해에서 비롯된 것이라 할 수 있다. 흔히 역사를 이야기할 때 '귀감龜鑑'이라는 표현을 쓰기도 하는데, '귀龜'는 거북의 등을 위에서 본 모습이고, '감鑑'은 말 그대로 거울이다. 고대 중국에서는 거북의 배딱지를 불에 구워 그것이 갈라진 모습을 보고 사람의 미래나 길흉을 점쳤고, 자신의 아름다움과 추함을 보기 위해 대야에 물을 떠놓고 자기 모습을 비추어 보았다고 한다. 곧 '귀'와 '감'은 사람의 길흉이나 미추를 판단해 주는 기본 도구였으며, 이를 통해 항상 '자신을 돌아보고 바로 잡았던 것'이다.

　그런데 과거의 역사를 돌이켜 보면, 우리가 살아가는 사회를 움직이는

힘이 반드시 긍정적인 방향으로만 움직이는 것은 아니라는 사실을 깨닫게 된다. 왜 군주는 어리석고, 간신배가 득세하며, 올바른 길을 가려는 사람은 핍박을 받는, 곧 '악화惡貨가 양화良貨를 구축驅逐하는Bad money drives out good' 일이 시대를 불문하고 나타나는가? 왜 문학사 등에는 '재주를 품고 있으나 때를 만나지 못해 그로 인해 발분해 책을 쓰는懷才不遇, 發憤著書' 게 상례가 되고 있나? 왜 통치자들은 인의仁義에 바탕을 둔 왕도王道 정치를 내세우면서 실제로는 가혹한 형벌과 법치에 의지하는 패도覇道를 숭상하는가? 실제로 모든 창업 군주는 잔혹한 성향을 보인다. 한 고조漢高祖의 토사구팽兎死狗烹이 그러하고, 명 태조 주위안장朱元璋은 황제의 자리에 오른 뒤, 황제의

권력을 공고히 하고자 10만이
넘는 사람들을 이런저런 명목
으로 처형했다. 그러나 그 뒤
를 이은 황제들은 관인대도寬
仁大道한 모습을 보이며 짐짓
백성들의 삶을 긍휼히 여기는
척한다.

　대표적인 예가 당 태종 리
스민李世民이었다. 잘 알려진
대로 당 태종은 아비인 당 고
조 리위안李淵을 도와 당나라
를 세우는 데 큰 공을 세운다.
하지만 황제 자리를 놓고 형
제들끼리 싸움을 벌여 리스민
은 큰형인 리젠청李建成을 직
접 활로 쏴 죽이고, 넷째 동생

✦
당 태종 리스민

인 리위안지李元吉 역시 부하를 시켜 죽였다. 여기에 그치지 않고 후환을 없
애기 위해 두 형제의 소생인 나이 어린 조카들 열 명도 죽였다. 자신의 야
망을 위해 아무런 가책도 없이 혈육을 몰살한 당 태종은 황제의 자리에 오
른 뒤에는 오히려 자신의 명성에 신경을 써 현군으로 남고자 했다. 그의 의
도는 일정 정도 성공을 거둬 후세에 당 태종의 통치는 '정관의 치세貞觀之治'
라는 칭송을 얻는다. 그러나 당 태종의 치세 전체를 놓고 본다면, 과연 그

가 패도 정치로 일관했는지, 왕도 정치를 몸소 실행에 옮겼는지 일도양단할 수 없다.

중요한 것은 당 태종뿐 아니라 역대 군주들 모두가 간신이 득세하는 난세의 혼용昏庸한 군주라 할지라도, 백성을 위한다는 명목으로 자신의 야욕을 채웠다는 사실이다. 그래서 세상에 이유 없는 무덤이 없는 법이고, 프랑스 혁명 때 단두대에 세워진 마농 롤랑 부인이 "세상의 많은 범죄가 '자유'의 이름으로 저질러지고 있다."라는 말을 남기기도 했던 것이다. 문제는 자신의 행위를 합리화하고자 갖다 붙이는 온갖 종류의 명분이다. 단지 자신의 과시욕을 채우려고 벌이는 대규모 토목공사 역시 백성을 위한다는 자기만의 소명 의식을 깔고 시작하지만, 결과적으로 백성들의 삶은 오히려 그로 인해 피폐해지는 역설이 현재까지도 반복되고 있는 것은 바로 이 때문인지도 모른다. *

다른 한편으로 역사를 배움으로써 우리는 창업의 어려움보다는 수성의 어려움이 훨씬 크다는 교훈을 얻기도 한다. 진 시황의 천하 통일은 그 자체로 쾌거일지 모르지만, 진나라는 고대 망하고 한나라가 그를 대신했으며, 수隋나라 역시 위진남북조 300년의 혼란기를 종식했으나, 그 공은 당나라로 넘어갔던 것이다. 또 2천 년이 넘는 오랜 시간 중국은 황제를 정점으로 하는 중앙 집권적 전제군주제를 고수했는데, 권력의 정점에 있는 황제의 능력에 따라 나라의 운명이 좌우되었던 것 역시 역사가 우리에게 주는 교

---

*"전쟁을 시작할 때는 생명보다 중요한 것이 있다고 주장하지만, 끝낼 때는 생명보다 중요한 게 없다는 주장을 한다." 《은하영웅전설》에서

훈이라 할 수 있다. 아울러 광대한 영토를 다스리는 데 따르는 어려움 가운데 가장 큰 것이 인사人事와 통치 시스템을 구축하는 데 있었다는 것을 확인할 수도 있다. 역대 왕조는 통치의 기본인 인사 문제를 해결하고자 갖가지 방안을 마련했지만 성공했던 적은 거의 없었고, 국가 재정의 기본이 되는 세금 문제 역시 마찬가지였다.

이런 관점에서 보자면, 흔히 진 시황의 최대 업적으로 꼽는 천하 통일이 과연 좋기만 한 것인가 하는 의문이 들기도 한다. 교통과 통신이 발달하지 않았던 고대에는 주나라가 그랬던 것처럼 각 지역이 독립적으로 별도의 나라를 이루고 살아갈 수밖에 없었다. 그것은 인류 문명의 발달 과정상 광대한 영토를 다스릴 만한 하드웨어나 소프트웨어 등 통치 시스템이 애당초 불가능했기 때문이었다. 가장 문제가 되는 것은 적재적소에 필요한 인재를 등용하는 인사 시스템과 나라 살림을 책임질 조세 제도의 기반이 되는 인구 수 등에 대한 통계 자료였다. 역대 왕조는 가장 효율적인 인사 시스템과 세금 징수 방안을 마련하기 위해 부심했지만, 제대로 성공한 적이 없었다. 그것은 앞서 말한 대로 광대한 영토를 효율적으로 통치하기 위한 시스템 마련이 애당초 불가능했기 때문이었다.

그렇다면 오히려 중국은 잘게 나누어진 상태로 각자 살 길을 도모하는 게 훨씬 효율적이고 현실적이었는지도 모른다는 생각이 들기도 한다. 요즘에도 중앙 집중화의 폐해가 많이 나타나면서 지방 분권에 대한 논의가 끊임없이 일고 있는 상황을 감안한다면, 현재와 같은 인프라가 확충되지 않았던 고대에 거대한 통일 제국이 완성되었던 것은 축복이라기보다 하나의 재앙이었다고도 할 수 있다. 진 시황이 통일 제국을 세운 지 2천 여 년이

지난 현재도 중국은 인권이나 인민의 자유 등과 같은 현대 국가의 기본적인 항목들이 제대로 확립되지 못한 상태다. 이것은 2천 년이 넘는 시간 동안 통일 제국을 지속적이고 성공적으로 이끌어 온 데 대한 대가를 치르는 것이라 할 수도 있다.

한편 왕조 시대에서나 일어날 어이없는 일들이 현재에도 진행형인 경우가 상당히 많다. 현명한 이들은 여전히 핍박받고 오히려 간신배와 모리배가 역사의 주인인양 행세하는 것 또한 변하지 않았다. 또 어느 시대에나 부정부패가 만연했고, 백성의 삶은 항상 팍팍하기만 했다는 대목에 이르면 과연 역사가 진보하는 것인지 회의가 이는 것도 사실이다. 우리는 역사를 통해 희망적인 메시지를 얻기 바라지만, 그러한 소망이 바람직한 것이긴 해도 현실은 항상 절망적이라는 결론에 이를 수도 있다. 통치자들은 항상 장밋빛 미래를 제시하지만 이는 피지배계급의 불만을 잠재우고 이성을 마비시키는 마약인 경우가 많고, 시대를 앞서 가는 선각자들은 언제나 자기 땅에서 유배되어 구천을 떠도는 일이 반복된다. 이 모든 사실을 확인할 때 우리는 밀랍을 씹듯 떨떠름한 기분을 떨치기 어렵고, 때로 마음 한 구석이 무너져 내리기도 한다.

역사학자들이 항용하는 말로, 역사는 반복되는 것일까? 그것도 한번은 비극으로, 한번은 희극으로? 그럼에도 우리가 역사를 공부하는 것은 다른 이유 때문이 아니라 비록 똑같은 일들이 반복되는 것처럼 보이지만, 그런 가운데 역사는 나선형으로 발전한다는 믿음을 갖고 있기 때문이다. 쿵쯔 역시 "예전에 일어난 일들을 두고두고 곱씹어 보면 새롭게 와 닿는 것이 있게 마련溫故而知新"이라고 말했다. 곧 과거의 현재성이 현재의 미래성의 밑

돌이 된다는 것이리라. 과연 지나간 역사적 사실을 통해 현재를 살아가는 우리가 교훈을 얻고, 그 교훈으로 현명해질 수 있다면 소박한 대로 우리가 역사를 공부하는 소기의 목적을 달성할 수 있을 것이다.

중국을 이해하는 키워드 3

K E Y W O R D

전   쟁

기나긴 중국 역사에는 수많은 전쟁이 등장한다. 여기서는 그 가운데 두 가지를 들고자 한다. 하나는 중국 고대사에서 한 시기를 획분할 만한 의미가 있는 것이고, 다른 하나는 중국 역사 전체를 통틀어서 가장 중요한 의미가 있다고 생각되는 것이다. 위진남북조 시기에 북조의 전진과 남조의 동진 간에 벌어진 '페이수이 전투'와 근대로 접어드는 시기에 외부 세계와 본격적으로 접촉한 최초의 사례라 할 '아편전쟁'을 살핀다.

1 2 keyword 4 5 6 7 8

중국 역사에서
가장 큰 의미가 있는 전쟁

　기나긴 중국 역사에는 수많은 전쟁이 등장한다. 어떤 전쟁이건 그 나름의 이유가 있을 것이고, 또 각각의 전투마다 그 나름의 의미가 있을 것이다. 중요한 것은 그런 전쟁과 전투들이 모두 이후 전개되는 역사에 크건 작건 영향을 주었다는 사실이다. 여기서는 그 수많은 전쟁들 가운데 두 가지를 들고자 한다. 하나는 중국 고대사에서 그야말로 한 시기를 획분할 만한 의미가 있는 것이고, 다른 하나는 중국 역사 전체를 통틀어서 가장 중요한 의미가 있다고 생각되는 것이다.

　그 첫 번째는 위진남북조 시기에 북조의 전진前秦과 남조의 동진東晉 간

에 벌어진 '페이수이淝水 전투'이다. 유명한 위, 오, 촉 삼국 시대를 통일한 진晉나라의 영토는 황허와 양쯔 강 사이에 있는 중원을 벗어나지 않았다. 그러나 진이 내부 분열로 국력이 약해진 틈을 타 북쪽 유목민들이 중원을 침략하자 진은 양쯔 강 이남으로 쫓겨나 동진이 된다. 그 뒤 5호 16국의 혼란상을 딛고 중원을 통일한 전진은 내친 김에 동진을 멸하고자 남침을 시도한다. 이때 양자 간에 벌어진 건곤일척의 대회전이 바로 페이수이 전투이다.

결과적으로 페이수이 전투는 동진의 승리로 끝나면서 전진의 천하 통일 기도가 수포로 돌아갔다. 그 뒤로 남조와 북조는 서로 공존의 길을 걸어갔고, 그러는 사이 남조는 어쩔 수 없이 양쯔 강 이남 지역에 눌러 살면서 그 지역을 개발했다. 이를 계기로 중국의 영토는 양쯔 강 이남으로 확장되었다. 이후 수, 당 대를 거쳐 북송까지는 다시 왕조의 중심지가 중원으로 옮아가지만, 여진족인 금의 침입으로 다시 양쯔 강 이남으로 쫓겨 간 남송 정권은 강남 지역 개발을 완성한다. 이후로 강남 지역은 풍부한 물산으로 중국의 경제 중심지가 되었고, 그런 경제력을 바탕으로 많은 문인과 관료들을 배출함으로써 문화의 중심지로까지 자리 잡게 된다.

또 하나는 근대로 접어드는 시기에 외부 세계와 본격적으로 접촉한 최초의 사례라 할 '아편전쟁'이다. 이전까지 중국은 외부 세계와 공식적으로 대등한 수준에서 외교 관계를 맺은 적이 없었다. 비록 강희제 때 러시아와 맺은 네르친스크 조약이 중국 역사상 최초로 대등한 수준에서 외국과 맺은 조약으로 일컬어지기는 하나 이것은 단지 일회성의 해프닝에 그친 것이었다. 이에 반해 아편전쟁은 그때까지 중국이 갖고 있었던 대외관이라 할 중화사상을 일거에 무너뜨린 파천황 격인 일대 사건이었다.

중국에서 일어난 역사상 가장 부도덕한 전쟁이라는 평을 듣는 아편전쟁은 중국뿐만 아니라 세계 역사를 바꾸는 역할을 했다. 영국이 중국과의 무역 역조를 바로잡으려는 의도로 중국에 들여보낸 아편으로 말미암아 중국에서 아편 중독자가 늘어나자 청나라 정부는 아편을 금지하려 했다. 아편전쟁은 이에 반발한 영국이 자신들의 이익을 관철하고자 일으킨 전쟁이었다. 결국 전쟁에서 패한 중국은 홍콩을 영국에 할양하고 배상금을 지급했다. 이후 중국은 서구 열강에 의해 철저하게 유린되는 비극의 역사를 걷게 된다.

5호 16국과
페이수이 전투

우리에게 《삼국지》라는 소설로 잘 알려진 후한 말의 혼란스러운 국면을 통일한 것은 엉뚱하게도 쓰마司馬씨의 진晉나라였다. 그러나 진 무제(武帝, 재위 266~290)가 죽은 뒤 진나라는 다시 '팔왕의 난'이라는 내분을 겪으며 다시 파국을 맞게 된다. 팔왕의 난이 진행되는 동안 화북 지역은 전쟁에 휘말려 제대로 생산 활동에 전념할 수 없었을 뿐 아니라, 치수 시설 역시 방치된 상태로 남아 있어 수해와 가뭄에도 적극적으로 대처할 수 없었다. 이런저런 사정으로 이 지역의 농지가 황무지로 변해 도저히 일상적인 삶을 꾸려 나갈 수 없었던 농민들은 북에서 남으로 이주를 시작했다. 이때 유민들의 숫자는 30만여 호에 백만 명 이상이었다고 하며, 이렇게 남으로 이주한 이들이 후대에 '커쟈客家' 집단의 유래가 된다는 게 통설이다.

이때 북방에는 기왕에 있던 흉노匈奴와 선비鮮卑, 저氐, 갈羯, 강羌 등 다섯 민족이 저마다 활동을 하고 있었으며, 이들을 통칭해 '5호五胡'라 불렀다. 중원에서는 부족한 노동력을 보충하고 전쟁을 치를 군사를 충당하고자 이민족의 유입이 적극 진행되었는데, 팔왕의 난 때에는 각각의 왕들이 우위를 점하기 위해 이들을 용병으로 끌어들였다. 하지만 이민족들의 신분이나 대우는 최하층을 면치 못해 거의 노예나 다름없는 경우도 있었다. 결국 나

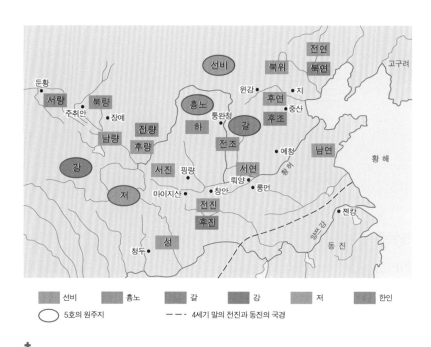

+
5호 16국 형세도

중에 서진의 붕괴를 촉진한 5호의 침입은 사실상 후한 말 이후 진행된 이민족의 중원 이주로 인해 내재해 있던 비한족 계열인 여러 민족의 저항과 자립 운동의 결과라 할 수 있다.

이러한 이민족의 저항과 반란은 특히 팔왕의 난 이후 본격적으로 진행되었는데, 그 가운데 류위안劉淵이라는 자가 있었다. 진의 혜제는 흉노 선우의 자손인 류위안을 오부五部의 도독都督으로 임명했다. 그는 한족의 말을 할 줄 알았고, 스승에게서 유가 교육을 받아 《손자병법》에도 익숙할 정도로 한 문화에 동화되어 진의 귀족들로부터 교양과 재능을 인정받고 있었다. 그러던 중 팔왕의 난으로 중원이 어지러워지자, 흉노 부족의 추대로 304년 산시 펀수이汾水 유역의 쥐귀청左國城에서 자립했는데, 자신이 한나라 왕조의 성인 류씨인 것을 강조해 국호를 '한漢'이라 했다. 한편 동해왕에 의해 옹립된 회제는 연호를 '영원히 아름답다'라는 뜻의 영가永嘉로 바꾸고 국정의 쇄신을 꾀했다. 아이로니컬하게도 애당초 의도와 달리 영가 시대는 영원히 아름다운 시기가 아니라 천하의 동란이 본격화하는 시기가 되었다는 사실이다.

서기 310년, 류위안이 죽고 류충劉聰이 즉위했다. 류충은 류야오劉曜와 스러石勒 등을 보내 먼저 허난河南 등지를 약탈해 뤄양을 고립시키는 작전을 폈다. 당시 진에서는 회제를 옹립했던 동해왕東海王 웨越가 내분으로 뤄양을 떠나, 류야오와 스러는 별다른 저항 없이 뤄양에 입성해 왕공과 백관, 사민 등 3만 여 명을 학살하고 성내에 불을 질렀다. 후한 말 둥줘董卓에 의해 파괴된 뒤 위와 진 양 대에 걸쳐 재건된 뤄양은 또 다시 잿더미가 되어 버렸다. 한편 회제는 탈출에 실패해 포로로 잡혀 갔다가 결국 살해되었다. 이것을 세칭 '영가의 난'이라 부른다. 뤄양 함락이 전해지자 당시 창안長安에 피신해 있던 태자가 즉위해 민제愍帝가 되었으나, 창안이라고 다를 게 없었다. 5년 만에 창안 역시 류야오의 손에 함락되어 서진 왕조에 의한 통일 국면은 36년 만에 막을 내리고 남북조 시대가 본격적으로 열렸다.

남조의 경우, 많은 호족들이 팔왕의 난 이후 천하가 어지러워지자, 강남의 호족들은 불안한 마음으로 그들 나름의 대책을 강구했다. 아울러 일가 권속이나 그 무리들을 이끌고 강남으로 도망쳐 온 권문세가들도 많았다. 당시 낭야왕琅邪王 쓰마루이司馬睿는 종실의 내분을 피해 근거지를 확보한

난징에 있는 왕다오와 셰안 기념관
© 조관희, 2005

다는 명목으로 강남으로 물러나 있었다. 316년, 민제가 납치되자 드디어 쓰마루이는 왕조 부흥을 앞에 내걸고 스스로 진왕晉王을 자처하고 백관을 정비했다. 317년, 민제의 죽음이 전해지자, 쓰마루이는 젠예에서 황제의 자리에 올라 원제元帝라 칭하고 뒤에 동진東晉이라 부르는 왕조를 수립하였다. 원래 쓰마루이는 당시로서는 변방이라 할 창쟝 이남에 근거하고 있었던 그다지 신통치 않은 인물이었다. 그가 서진을 대신하는 동진을 세워 한족 왕조의 법통을 이을 수 있었던 것은 왕다오王導를 대표로 하는 왕씨와 셰안謝安을 대표로 하는 셰씨 등 강남의 호족 출신 귀족들의 비호를 받았기 때문이었다.

이들 귀족들은 삼국 시대부터 이어온 '구품중정제'를 통해 형성되었다. 객관적으로 인물을 검증해 등용한다는 본래의 취지와 달리 구품중정제는 오히려 특수한 계층의 인물들이 자신의 기득권을 지키고자 패거리를 만드는 제도로 악용되었다. 곧 인재를 품평하고 선발하는 중정관이 사심을 갖고 자신의 일족을 위해 인물을 가려 뽑았으니, 이런 일이 누대에 걸쳐 일어나자 고관대작을 세습하는 귀족 계층이 생겨났던 것이다. 심지어 이들은 왕조가 바뀌어도 그 세력을 잃지 않아 누가 황제가 되든 아랑곳하지 않고 초 왕조적인 특권과 지위를 누렸다. 쓰마루이는 이런 귀족들의 지지와 비

호를 등에 업고 황제 자리에 올라 황제를 정점으로 하는 통일 권력을 세울 수 있었다. 이로써 삼국을 통일했던 진의 역사는 일획을 긋고 그 이전을 서진西晉이라 부르게 되었다. 이후 남조는 동진 이후에 송宋, 제齊, 양梁, 진陳 네 왕조로 명맥을 이어가게 된다.

한편 서진이 와해되고 강남의 동진 왕조가 이를 대신하자, 화북 지역에서는 흉노 출신의 류씨가 일으킨 한이 득세하였다. 하지만 318년 한의 통치자인 류충이 병사하자, 그 수하에서 활약하던 류야오와 스러가 각각 독립하여 전조前趙와 후조後趙를 세워 서로 각축을 벌이다 결국 329년에 스러가 승리해 화북 지역을 통일하였다.

원래 갈족 출신으로 흉노에 편입되어 젊은 시절 노예 등 비참한 환경에 처했던 스러는 흉노와 한족 지배자에 대한 증오심이 대단하여 성을 함락

할 때마다 대량 학살을 자행하거나 강제로 이주시켰다. 하지만 스러는 뛰어난 장수이자 정치가였던 탓에 그의 생전에는 전란이 휩쓸던 분란의 시대에 잠시 소강 국면을 조성할 수 있었다.

하지만 그가 죽은 뒤 대를 이은 스후石虎가 사치와 탐욕에 빠져 백성을 돌보지 않자, 한족 장군인 란민冉閔이 쿠데타를 일으켜 후조는 2대로 망하게 된다. 하지만 란민이 세운 위魏 역시 3년 만에 망하고, 이후에는 선비족 무룽慕容씨가 동쪽 지역에서 전연前燕을 세우고, 서쪽 지역에서는 저족이 전진前秦을 세우고, 선비족 퉈바拓跋씨는 전량前涼을 세워 천하를 삼분했다.

이 가운데서도 전진의 푸젠은 한족 빈민 출신인 왕멍王猛이라는 뛰어난 재상의 도움으로 국력을 충실히 해 5호 시대를 통틀어 가장 강력한 왕조를 수립했다. 계책에 뛰어났던 왕멍은 전진의 군사를 이끌고 전연과 전량을 치고 동진으로부터 량저우(梁州, 오늘날 산시 성 남부 지역)와 이저우益州를 탈취하고 서역의 여러 나라를 자신의 세력 아래 둠으로써 376년에 화북 전역을 통일할 수 있었다.

전진의 계몽 군주 푸젠은 한족 지식인 못지않은 교양을 갖추었고, 나라를 잘 다스려 백성들로부터 신망이 두터웠다. 어떤 면에서 그는 철저한 이상주의자라 할 수 있다. 자신에게 귀순한 자에게는 한없는 자비를 베풀고 중요한 직책을 맡겼다. 이것은 자신이 이런 식으로 은혜를 베풀어 상대방을 감동시키면 그들 역시 다른 마음을 먹지 않고 귀순할 것이라는 생각 때문이었다.

하지만 현실은 그리 녹록한 것이 아니었으니, 세상에는 면종복배面從腹背하고 구밀복검口蜜腹劍하는 자가 얼마나 많은가? 이런 측면에서 그가 나중에 가장 후회했던 것이 선비족인 무룽씨의 척족으로 무룽핑慕容評과 공을 다투다 불화해 전진으로 귀순한 무룽추이慕容垂 부자를 받아들인 것이었다. 푸젠은 이들 부자를 받아들여 수도의 행정과 치안을 담당하는 경조윤京兆尹에 임명했다. 나중에 전연을 멸망시킨 뒤에는 무룽씨 일족 모두를 거두어 그들에게 벼슬을 주었다. 사람을 믿을 때는 항상 그 뒷감당을 할 수 있을 정도여야 하는데, 푸젠의 이런 일련의 행위들은 확실히 도를 넘은 감이 없지 않다.

한편 호인胡人 출신 푸젠에게는 종족적 콤플렉스도 있었다. 중국 역사에서 중원을 불안에 떨게 했던 북방 이민족들에게는 문화적인 면에서 일종의 열등감이 있었으니, 호족 출신들은 절대 중국 통일 왕조의 천자가 될 수 없다는 생각이었다. 푸젠은 이런 콤플렉스를 극복하기 위해 동진을 정벌해 천하를 통일하고자 하는 꿈을 펼쳐 보였다. 하지만 주위의 참모들은 모두 이런 생각을 말렸다. 그의 생각에 동의했던 것은 다름 아닌 선비족 출신 무룽씨 일족뿐이었다. 결국 푸젠은 주위의 반대를 뿌리치고 동진 정벌을 실행에 옮겼다.

당시 동진 역시 북쪽에서 전진이 통일 왕조를 세우자 이에 대한 대비를 게을리하지 않았다. 귀족 세력이 득세했던 동진의 주력군은 정규군보다 이들 귀족이 사적으로 보유하고 있던 군대였다. 그중 가장 유명했던 것이 셰안의 조카 셰쉬안謝玄이 광링(廣陵, 오늘날의 양저우)에 군부를 열고 북방에서 피난 내려온 젊은이들을 훈련시켜 조직한 '북부병北府兵'이었다.

383년, 푸젠은 90만 대군을 동원해 남하를 개시해 화이허淮河 중류의 서우춘壽春에 주력을 두고 남에서 화이허로 흘러 들어가는 페이수이를 따라

25만의 병력을 배치했다. 이들에 맞서려고 출병한 동진의 군사는 북부병이 주축이 된 8만에 불과했다. 페이수이 전투는 삼국 시대 초기 관두官渡의 전쟁과 함께 수적으로 열세이면서 약한 군대가 군사가 많고 강한 군대를 이긴 전쟁으로 잘 알려져 있다.

동진의 셰쉬안은 전진 군대가 아직 전열을 가다듬지 않은 것을 간파하고, 야간에 군사를 풀어 아무런 대처도 하지 않고 있던 전진의 군사 5만 명을 괴멸시켰다. 어떻게 보면 이것으로 전투는 끝난 것이나 다름없었다. 동진군은 이 승리를 계기로 강변을 따라 군진을 배치하고 본군을 신속하게 불렀다.

동진과 전진 두 진영은 페이수이를 사이에 두고 포진했다. 셰쉬안은 푸룽(符融, 푸젠의 친동생)에게 서로 이렇게 대치하고 있으면서 시간만 끌 것이 아니라 전진 군대를 뒤로 약간 철수시킨다면 동진군도 페이수이를 건너게 할 것이니 그런 후에 한판 붙어 결판을 내자고 제의했다. 푸젠은 병사의 수도 많았기 때문에 동진군이 페이수이를 건너는 중간에 일거에 전멸시킬 요량으로 셰쉬안의 제의를 따라 철수할 것을 명령했다. 후퇴를 진행하자 주쉬(朱序, 전진에 포로로 잡혀 와 있던 동진의 장수)와 그 부하들은 전진군이 건너편에서 패했다고 선동했다. 그러자 전진군의 전열이 갑자기 흐트러지면서 질서를 잃고 말았다. 반대로 동진군은 그 틈을 타 강을 건너 전진군을 무찌르니 그 시체가 들판에 가득하고 피가 강을 이루었다. 도망가는 전진 병사들은 '바람 소리와 학 우는 소리'를 동진 병사들이 뒤쫓아 오는 것으로 여겼다. 푸룽은 이 전투에서 피살되고 푸젠은 어깨에 화살을 맞아 부상당한 몸으로 창안으로 말머리를 돌릴 수밖에 없었다. 출병할 당시 100만의 군대는 겨우 10만이 남았을 뿐이다.*

전진군은 대패하여 북에서는 더 이상 남진을 수행할 여력이 없어졌다. 이때부터 화이허를 경계로 남북이 서로 대치하며 병립하는 시대를 맞게 되었다.

푸젠은 결국 385년 8월, 한량없는 은신을 베풀었던 적들인 선비족 무룽추이와 강羌족 야오창姚萇에 의해 나라를 빼앗기고 살해되고 말았다. 페이수이의 전쟁이 끝난 지 꼭 2년 후의 일이다.**

결국 페이수이 전투로 남북은 대치 상황으로 접어들어 589년에 수 문제 양젠楊堅이 천하를 통일할 때까지 206년 동안 교착 상태에 놓여 있었다. "이 200여 년 동안 남북 양쪽은 항상 화이난淮南 지역을 제외한 후베이湖北의 샹양襄陽 일대에서 전투를 벌였다. 북쪽 사람들의 기병 전술도 여기에 이르면 효력을 잃었다. 남쪽은 수군이 능했는데, 이는 전장에서의 주동적인 지위를 가졌을 뿐만 아니라, 병력을 배로 이동시켜 장교와 사병이 행군하는 수고를 없앴으며, 양식을 신속히 운반하는 효과도 있었다. 그러나 이 모든 장점을 북진에는 사용할 수 없었다는 점이 문제였다." 그래서 "동진

---

*박한제,《박한제 교수의 중국 역사 기행 1, 영웅시대의 빛과 그늘》, 사계절, 2003, 231~232쪽.
**박한제, 위의 책, 232쪽.

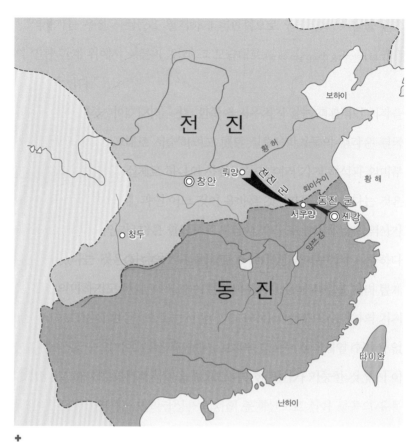

+
전진군과 동진군의 형세도

군은 유례없는 큰 승리를 얻었으면서도, 이러한 전과를 확대시키지 못한 채 창장의 왼쪽 땅에 치우쳐서 만족하며 편안히 지냈다. *

중국은 5호 16국으로부터 페이수이 전투까지 오랜 분열로 인한 혼란기를 거치게 된다. 이 시기는 중국 역사에서 대단히 중요한 의미를 갖는다. 역사학자들은 특히 페이수이 전투에 대해 이구동성으로 그 의의를 강조하고 있다. 레이하이쭝雷海宗이라는 사학자는 페이수이 전투가 일어난 383년이야말로 중국 역사를 양분하는 그야말로 획기적인 의미가 있다고 주장했다. 그의 주장에 따르면, 중국 역사의 제1분기는 역사의 시초부터 383년 페이수이 전투까지로 대체로 순수한 화하족華夏族이 문화를 창조 발전시킨 시기이고, 제2분기는 383년부터 오늘날에 이르는 시기다. 제1분기는 외래의 혈통과 문화가 중요한 역할을 하지 못한 시기로 '고전적 중국'이라 칭할 수 있으며, 제2분기는 북방의 호족이 누차 중국에 침입하고 인도의 불교가 중국 문화에 심각한 영향을 준 시기로, 중국인의 혈통과 중국 문화상 커다란 변화가 발생하였다.**

물론 호족의 중국 침입은 그 이전인 '영가의 난'으로 거슬러 올라간다. 페이수이 전투는 이런 장기간에 걸친 북방 이민족의 남진의 결과를 응축해서 보여 주는 하나의 사건일 뿐인 것이다. 그래서 혹자는 표현을 달리해 다음과 같이 주장하기도 했다.

'영가의 난'이 중국 역사에 끼친 영향은 실로 다대하다. 만약 시대와 같은 호족의 중원 침입이 없었다고 가정한다면, 오늘날의 중국은 북중국으로 한정되어 있을지도 모를 일이기 때문이다. 그도 그럴 것이 이 사건 이전 중국의 남북 사이에는 지리·자연·인문상에서 너무나 큰 차이가 있었다. 그러나 호

---

* 레이 황, 앞의 책, 186쪽.
** 박한제, 앞의 책, 209쪽.

족의 침입은 중원 지역에서 한족을 남방으로 밀어냈고, 밀려난 한족은 남방에서 다시 새로운 '중국'을 건설했다. 이로써 남중국이 명실공히 중국의 강역으로 들어와 자리 잡게 된 것이다. '영가의 난'은 단순한 하나의 반란이 아니라 한인 남진의 추동력이 되었던 것이다. *

아울러 페이수이 전투는 이른바 중국 역사상 최초로 이민족 군주에 의해 추진된 통일 전쟁이었다는 점도 지적해 두어야 한다. 그런데 흥미로운 것은 이후 역사에서 순수하게 한족 중심의 왕조가 중원 땅에 세워진 것은 송宋과 명明, 두 왕조밖에 없었다는 사실이다. 위진남북조 이후 나타난 수隋나 당唐을 비롯해 요遼, 금金, 원元, 청淸 등은 모두 북방 이민족 계열의 민족이 세운 왕조였던 것이다. 하지만 이들 이민족들은 중화中華라는 용광로 속에 용해되어 지금은 흔적도 찾아볼 수 없고, '한족漢族'이라는 모호한 용어에 매몰되어 있다. 새삼 중화주의, 또는 중국 중심주의Sino-centrism의 놀라운 잡식성에 전율할 따름이다.

---

*박한제, 《박한제 교수의 중국 역사 기행 2, 강남의 낭만과 비극》, 사계절, 2003, 158쪽.

제국의 황혼,
거대한 몰락의 시작

1792년 9월, 영국 왕 조지 3세는 중국에 방문사절단을 파견했다. 사절단의 단장은 북아일랜드 출신의 조지 매카트니(George MaCartney, 1737~1806)로, 과학자와 예술가, 호위대, 시종 그리고 나폴리의 가톨릭 대학 출신의 중국어 교사를 포함한 많은 수행원을 대동하고 길을 떠났다. 이듬해인 1793년 5월 매카트니 일행은 중국에 도착했다. 건륭 황제로부터 환영의 뜻을 전해받은 사절단 일행은 베이징에 도착해 며칠 간 휴식을 취한 뒤, 수행원 92명을 이끌고 건륭제의 생신 축하연이 열리고 있는 러허(熱河, 지금의 청더)로 떠났다. 양측은 황제를 배알할 때의 의례인 삼궤구고(三跪九叩, 세 번 무릎 꿇고 아홉 번 머리를 땅에 닿게 하는 예)를 두고 약간의 승강이를 벌이다 서로 조금씩 양보하는 선에서 타협을 했다.

그런 약간의 마찰이 있었음에도 건륭제는 기본적으로 매카트니 일행을 환대했으니, 성대한 연회를 베풀어 먼 곳에서 온 손님들을 맞이했다. 매카트니는 건륭제에게 영국 외교관의 베이징 거주권과 광저우廣州 무역 체제의 규제 철폐, 국제무역을 위한 새로운 항구의 개항, 공정하고 형평성 있는 관세의 책정 등을 요구했다. 당시 재위 58년이 다 된 건륭제는 영국의 국왕에게 보내는 칙서를 통해 이 모든 요구를 일언지하에 거절했다.

+
건륭제에게 국서를 바치는 매카트니

중국은 물자가 풍부하여 없는 것이 없다. 우리는 애초에 외국 오랑캐의 물건에 기대어 없는 것을 얻어 편리를 도모하려는 것이 아니다. 다만 우리나라에서 생산되는 차, 도자기, 비단은 너희 서양 각국에서 필수품이 된다고 하니, 내 그것을 불쌍하게 여겨 은혜를 베풀고자 한다.

이미 강희와 옹정의 치세를 거쳐 최 극성기를 구가하고 있던 중국의 황제 '십전노인十全老人'*이 보기에 매카트니의 행위는 한낱 변방의 오랑캐가 황제의 나라와 동등한 위치에서 협상을 요구하는 실로 어이없는 만용에 가까운 행위로 여겨졌을 것이다. 그리하여 건륭제는 말했다.

"만일 앞으로 오는 상선이 저장浙江이나 톈진天津에 상륙해 무역하기를 요구하면 나라 땅을 지키는 문무 관리가 그들을 머물지 못하게 할 것이며, 그래도 정박했을 때는 쫓아낼 것이니, 그것을 미리 알지 못했다고 말하지 말라."

그 뒤로 한동안 중국은 별다른 외압이 없는 상태에서 국내 문제에 골몰했다. 그것은 때마침 유럽 역시 나폴레옹 전쟁에 휘말려 동아시아에 신경 쓸 겨를이 없었기 때문이었다. 하지만 대항해시대를 지나 산업혁명의 성공으로 제국주의 시대에 접어든 영국으로서는 새로운 시장의 개척을 위해 무역을 포함한 중국과의 교류를 결코 포기할 수 없었다.

나폴레옹 전쟁이 끝난 직후인 1815년 영국은 다시 애머스트(William Pitt Amherst, 1773~1857)를 중국에 사절로 파견하였다. 애머스트 역시 매카트니와 마찬가지로 통상권의 확대와 개항장의 추가, 중국 내 외교관의 거주 등을 추진했다. 하지만 청 조정은 애머스트가 베이징에 도착한 다음 날 황제와의 알현을 강요하는 등 무리한 일정을 요구했고, 게다가 애머스트가 삼궤구고의 예를 거부하자 처음에는 위협을 하다 급기야 모욕적으로 추방해 버렸다.

1834년에는 네이피어(William John Napier, 1786~1834)가 초대 중국 무역 수석 감독관으로 임명되어 중국 무역을 보호하고 개선하고자 마카오에 근거지

---

*건륭제는 생전에 열 차례 대외 원정에 나서 모두 승리했다. 그 공적을 스스로 치하하는 의미에서 자신을 십전노인이라 불렀다.

를 마련하고 많은 노력을 기울였다. 그러나 그 역시 청 조정의 강력한 반대에 부딪혀 그 대책에 고심하다 현지에서 병사했다. 네이피어는 영국이 동인도회사의 무역 독점권을 폐기한 뒤 정부 차원에서 임명한 최초의 무역감독관이었다. 이제 영국은 중국과의 무역 관계를 개별 회사가 사적으로 추진하는 것을 넘어서서 국가 차원에서 대응하기로 작정했던 것이다. 그럼에도 청 조정에서는 이들을 단지 변방의 이적夷狄 국가가 파견한 일개 조공사朝貢使 이상의 의미를 부여하지 않았고, 정상적인 국가 간의 무역은 추진할 의사가 전혀 없었다.

한편 청 조정은 안팎으로 누적된 여러 가지 문제들로 인한 사회 갈등과 분란에 힘겨워하고 있었다. 우선 청의 중원 통치가 100년이 넘어감에 따라 만주족의 한화漢化 역시 급속도로 진행되었다. 사실상 만주족의 중원 진출에 가장 큰 역할을 했던 만주 팔기는 본래 병사나 관리만 될 수 있을 뿐 농사나 상업 등 다른 일에는 종사할 수 없었다. 이들은 국가에서 받는 녹봉말고도 기지旗地라는 별도의 토지를 분배받아 경제생활이 보장되었으나, 무지와 방종한 생활, 한인漢人들의 농간과 사기 등으로 점차 궁핍해졌다. 이에 본래 매매가 금지되어 있는 기지를 한인들에게 팔아넘기면서 이들의 경제 상황은 더욱 악화되었다. 경제적 궁핍과 한화로 인해 만주족 고유의 강건한 체력과 상무 정신이 쇠퇴하자 청 왕조를 지탱하는 무력 기반 역시 와해되고 말았다.

강희제, 옹정제, 건륭제 세 황제 시기를 거치며 중국은 130여 년에 걸친 융성기를 맞아 인구가 급속도로 증가했다. 이에 반해 식량과 생필품의 생산은 인구 증가율에 미치지 못해 백성의 생활은 윤택하지 못했다. 여기에 소수의 대지주에 의한 토지 집중과 관리들의 가렴주구가 더해지니 견디다 못한 백성은 유랑민이 되거나 도적이 되기에 이르렀다. 건륭 말기에 이르면 이와 같은 정치, 사회, 경제적인 불합리와 모순 등으로 인한 민란이 도처에서 일어나 나라 전체가 큰 혼란에 빠졌다.

명 말에 나온 백화소설 《수호전水滸傳》은 청 대에 몇 차례에 걸쳐 금서로 지정되었다. 이 소설이 '관리들의 핍박에 백성들이 반란을 일으키고官逼民反', '반란의 빌미가 위에서부터 주어지며亂自上作', '핍박받아 어쩔 수 없이 도적이 될 수밖에 없는逼上梁山' 사회 모순을 설파하며, 백성들에게 '도적이 되는 길을 가르치기誨盜' 때문이라는 이유에서였다. 이러한 상황은 이 소설이 나온 명 대뿐 아니라 청 대에도 판박이처럼 그대로 적용이 된다.

여기에 건륭제, 가경제 시기 청 왕조는 백련교도의 난과 후난湖南, 구이저우貴州, 산시陝西의 변방 지역에 거주하는 먀오족苗族 등이 일으킨 난을 평정하느라 재정적으로 심각한 타격을 입었다. 1780년대에 간쑤 지역에서 일어난 이슬람교 집단의 반란 역시 청 조정에 큰 부담이 되었다. 이슬람교도 가운데 근본주의자들이 주축이 되어 일으킨 반란은 다른 지역의 반란보다 훨씬 격렬하게 진행되었고, 청 조정은 이를 진압하는 데 어지간히 애를 먹었다.

곧 건륭제 시기는 청의 위세가 최고조에 오른 동시에 바야흐로 청 제국이 쇠락기에 접어들었다는 점에서 역사의 전환점이라 할 수 있다. 아울러 진 시황 이래 2천여 년 동안 이어져 왔던 황제를 정점으로 하는 봉건적 전제군주제가 마지막 단계에 접어든 시기라고도 할 수 있다. 사실상 지배 능력을 상실하고 있던 청 조정은 누적된 사회적 모순에 능동적으로 대처하지 못했고, 각지에서 일어난 민란조차 평정할 능력이 없어 지방의 향용에 의지해야 했다. 이러한 사이 산업혁명과 시민혁명의 성공으로 근대화에 성공한 유럽 열강들의 세력이 눈길을 세계로 돌려 바야흐로 제국주의 시대를 열어가고 있었다. 하지만 중화주의에 빠져 세계사의 거대한 흐름에서 뒤쳐진 중국은 서서히 조여 오는 제국주의 열강의 침탈에 속수무책일 수밖에 없었다.

한편 비단과 차가 유럽에 전래된 이래 유럽의 상류 사회에는 '시누아즈리Chinoiserie'*라는 중국풍이 유행했고, 홍차는 영국인들의 일상에서 빼놓을 수 없는 필수품이 되었다. 산업혁명의 성공으로 급속도로 산업사회로 진입한 영국은 인도를 식민지화해 원료를 제공받아 이를 가공해 수출했다. 이때 유력한 수출 시장으로 떠오른 것은 중국이었다. 당시 중국 인구는 영국의 식민지인 인도의 두 배 정도로 추정했기에, 영국인들은 중국 사람들이 면 제품을 하나씩만 사더라도 당시 면직 공업의 중심지였던 맨체스터

---

*주로 장식공예품으로 동양의 풍물을 제재로 한 장식용 회화와 조각 등을 말한다. 유럽인의 중국 자기(瓷器)에 대한 흥미는 중세 말부터 시작되었으며, 16세기 말부터 중국의 공예품이 다량으로 수입되자 유럽의 왕후와 귀족들이 다투어 수집하였다. 그 당시는 단순한 수집 대상에 지나지 않았으나 17세기의 후반부터는 동양의 공예품과 그 모방품을 실내장식에 활용하는 시누아(支那) 취미가 유행하기 시작하였다.
이러한 취미에 의하여 만들어진 시누아즈리는 대개 4종류로 나뉜다.
① 자기(瓷器), 칠기(漆器) 등 동양의 공예품을 모방한 것과 모방하려고 한 것
② 모방이 아니고 동양의 공예품을 비꼰 것
③ 동양의 인물과 풍물을 제재(題材)로 한 것
④ 동양의 공예품을 재료로 하여 로코코풍의 금구(金具)를 붙인 자기나 철과 금, 은분(粉)으로 그린 그림에 패널을 넣은 로코코풍의 가구

중국 양식을 띈 메디치 자기(왼쪽), 알베르트 폰 켈러가 그린 〈쇼팽〉 속 중국 병풍의 모습(가운데), 영국 큐 왕립 식물원에 있는 중국풍의 탑(오른쪽)은 시누아즈리를 보여 준다.

가 하나 더 만들어질 수 있다고 생각했다. 중국은 더 이상 귀족들의 고상한 '중국풍'에 대한 찬미 대상이 아니라 자본가들의 '꿈의 시장'이 되어버린 것이다.

하지만 실제 현실은 이들 신흥 자본가들의 생각대로 움직여 주지 않았다. 오히려 중국의 차나 비단 도자기 수입으로 인해 양국 간의 무역은 영국 측의 수입초과를 초래해 당시 결제 수단이었던 막대한 양의 은이 중국으로 흘러 들어갔다. 건륭제 시기 중국의 경제적 번영은 이러한 은의 유입에 힘입었다. 이러한 무역 역조 현상을 바로잡기 위해 등장한 대체 상품이 바로 아편이었다. 본래 중국에서는 아편이 오랫동안 약용으로 쓰였다. 청 왕조가 들어선 뒤에는 아편을 피우는 습관이 민간에 만연하면서 이에 따른

영국의 식민지인 인도의 파트나에서 만들어진 아편이 선편으로 중국의 항구에 부려지고 있다(아편전쟁박물관). ⓒ 조관희, 2013

폐해를 바로잡고자 여러 차례 금령을 내리기도 했으나 그다지 실효를 거두지 못하고 있었다.

영국은 자신들의 무역 역조를 바로잡는 데 아편을 이용하기로 하고 식민지 인도에서 아편을 대량으로 생산해 중국에 수출했다. 과연 이러한 정책은 성공해 수입 홍차에 대한 지불로 유출되던 은이 점차 감소하고, 1827년경 드디어 양국 간 은의 유입이 역전되는 현상이 나타났다. 청 왕조로서는 백성들의 심신을 좀먹는 폐해에 더해 은의 유출로 인한 국가재정의 파탄이라는 위기에 직면했다. 이에 가경제는 몇 차례에 걸쳐 아편의 흡입과 유통을 금지하는 정책을 시행했다.

그러나 아편 흡입의 악습은 이미 관계에까지 퍼져 있어 이를 관장하는 관리들이 정부의 시책에 적극적으로 대응하지 않을 뿐 아니라, 아편 수입이 공개적으로 금지되자 이를 이용해 오히려 돈벌이에 나서고 뇌물이 오가는 일까지 벌어졌다. 따라서 아편 금지령은 실효를 거두지 못하고 국가재정이 악화되어 더 이상 방치할 수 없는 지경에 이르렀다.

이에 가경제의 뒤를 이은 선종宣宗 도광제(道光帝, 재위 1820~1850)는 신하들에게 적절한 대책을 강구하도록 했다. 강온책을 두고 몇 차례 논란이 있은 뒤, 강경론을 편 대신들의 주장이 받아들여져 아편을 엄금한다는 정책이 마련되었다. 도광제가 다시 아편 엄금론에 대한 구체적인 방안을 각 성의

독무督撫와 장군들에게 하명한 결과, 당시 후광湖廣 총독總督이었던 린쩌쉬 (林則徐, 1785~1850)가 올린 〈조진금연판법소條陳禁煙辦法疏〉가 가장 구체적이 었다. 그뿐 아니라 린쩌쉬는 임지에서 실제로 큰 성과를 올리고 있었기에, 1838년 11월 도광제는 그를 흠차대신으로 임명하고 광저우로 내려가 아편 을 단속하게 했다.

　광저우에 도착한 린쩌쉬는 포고문을 통해 아편 소비에 따르는 건강상 의 위험을 강조하고, 모든 아편 흡연자들에게 아편과 담뱃대를 2개월 이내 에 관할 담당자에게 반납하도록 했다. 그러고는 모든 아편 흡연자들을 처 벌했고, 15톤가량의 아편과 4만여 개의 담뱃대를 압수했다. 다른 한편으

로 린쩌쉬는 중국인 행상들을 설득하고 외국인 상인들에게도 아편을 인도할 것을 종용했다. 이때 영국 상인들은 1천 상자 남짓의 아편만을 인도하고 앞으로 아편을 매매하지 않겠다는 서약서를 제출하지 않았다. 이에 린쩌쉬는 재차 나머지 아편의 인도와 서약서 제출을 요구하면서 병력을 동원해 영국의 상관商館을 포위했다. 약 6주 동안 중국 병사들이 밤이고 낮이고 피리를 울려대는 통에 견디다 못한 영국인들은 2만 상자의 아편을 인도하고 무역감독관인 찰스 엘리엇의 지휘 하에 마카오로 철수했다. 린쩌쉬는 커다란 웅덩이를 파고 석회와 바닷물을 섞어 압수한 아편을 폐기했다.

　아편 판매의 봉쇄 소식이 영국으로 신속하게 알려지자, 일차적으로 직

✚
의회에서 연설하고 있는 글래드스턴(아편전쟁박물관) ⓒ 조관희, 2013

접적인 손해를 본 상인들이 영국 정부에 금전적 보상을 요청했다. 1840년 3월 19일 영국 하원에서는 중국에 파병하는 문제를 놓고 격렬한 토론이 벌어졌는데, 아편 무역상들의 로비로 의회 전체의 분위기나 사회적 여론은 파병하는 쪽으로 기울어지고 있었다. 이때 뒤에 영국 수상이 되는 30세의 젊은 자유당 의원 글래드스턴(William Ewart Gladstone, 1809~1898)은 이 전쟁의 부당성에 대해 다음과 같이 자신의 견해를 토로했다.

"저는 아편도 경제도 잘 모릅니다. 그 나라 법을 따르지 않는 외국인을 어떻게 다루는 것이 정답인지도 모르겠습니다. 그러나 역사가 이것만큼 부정한 전쟁, 이것만큼 영국을 불명예로 빠뜨린 전쟁은 없었다고 기록할 것이라는 것은 알겠습니다."

그의 발언은 양식 있는 영국 지식인들의 양심을 대변한 것이라 할 수 있는데, 이 문제를 놓고 한 달 여에 걸친 토론 끝에 표결한 결과 271대 262 고작 9표 차이로 파병안이 가결되었다. 그때 글래드스턴은 "262. 영국 양심의 무게가 고작 이 정도냐." 하고 한탄했다고 한다.

영국에서 중국을 상대로 한 무역업자들과 대규모 아편 제조지역 상인협회가 영국 의회에 보복 조치를 취해달라고 로비를 벌이고 있을 때, 린쩌쉬는 광둥 성에서 아편 근절을 위한 활동을 계속 진행했다. 뿐만 아니라 광저우로 진입하는 수로를 요새화하고, 항구에 새로운 화포와 운하의 통행을 막을 강력한 쇠사슬을 설치하는 등 영국군의 도발에도 대비했다. 영국 상인들이 기어이 어떠한 아편 무역도 하지 않겠다는 서약에 동의하지 않자 린쩌쉬는 그들을 광저우에서 추방했다. 그러자 무역감독관이던 찰스 엘리엇(Charles Eliot, 1801~1875)은 당시에는 거의 버려지다시피 한 바위섬에 불과했던 홍콩에 군대를 주둔시켰다.

그러던 중 홍콩섬 건너편의 쥬룽九龍 지역에서 술 취한 영국 병사들이 린웨이시林維喜라는 중국인을 살해하는 사건이 일어났다. 린쩌쉬는 범인의 인도를 요구했으나, 엘리엇은 거부하고 영국군 함상에서 자기들끼리 재판을 해 벌금 20파운드와 금고 6개월에 처했다. 이에 린쩌쉬는 마카오 정청에 영국 상인들을 축출할 것을 요구했다. 이제 양국 사이에 분쟁은 피할 수 없는 지경에까지 이른 것이다.

1840년 6월, 영국 함대는 광저우에 집결했다. 하지만 만반의 대비를 하고 있던 린쩌쉬의 기대를 저버리고 영국군 함대는 기수를 돌려 푸젠福建과

✛ 뉴욕 차이나타운(왼쪽)과 우룸치 훙산공원紅山公園(오른쪽)에 있는 린쩌쉬 상 © 조관희, 2008

저쟝 연안을 위협하면서 북상해 저우산舟山 열도를 점령하고 중국 해군을 격파한 뒤 첸탕강錢塘江 하구를 봉쇄했다. 영국군 함대는 다시 북상해 보하이 만渤海灣에 들어가 톈진의 외항인 다구大沽에 도착했다. 이에 놀란 청 조정은 린쩌쉬를 파면하고 멀리 위구르 지역의 이리로 귀양을 보내고, 즈리直隷 총독인 치산琦善에게 엘리엇과 교섭하도록 했다. 치산의 설득으로 영국군 함대는 다시 광저우로 돌아갔고, 치산은 비로소 마음을 놓은 황제에게 칭찬을 듣고 양광兩廣 총독에 임명되었다.

치산과 엘리엇은 1841년 1월, 광저우에서 교섭을 진행해 홍콩섬의 할양과 배상금 600만 원 지급, 양국이 평등한 국교 관계를 맺을 것 등을 약속하고 촨비 가조약川鼻假條約을 맺었다. 하지만 협상 결과는 양국의 책임자들을 만족시키지 못했다. 치산은 불리한 조건으로 조약을 체결했다 하여 도광제의 분노를 사 사형에 처해졌다가 감형되어 귀양 갔고, 영국의 외무장관 파머스턴도 중국에게 좀 더 나은 조건을 관철시키지 못했다 여겨 엘리엇을 파면하고 헨리 포틴저(Henry Pottinger, 1789~1856)를 파견했다. 이때 파머스턴은 포틴저에게 새로운 협정은 반드시 황제와 체결해야 하며 중국 측의 요구를 모두 거절하고 자국의 이익을 철저하게 관철하라는 지시를 내렸다.

1841년 8월, 중국에 도착한 포틴저는 영국군을 이끌고 다시 북상해 샤먼廈門과 닝보寧波 등지를 공략한 뒤, 1842년 늦봄에는 상하이를 거쳐 난징南京을 압박했다. 강남 지역의 중심지인 난징이 함락되면 창장 일대의 통제권을 잃게 되고, 남방의 풍부한 물산이 북쪽으로 올라갈 수 없게 된다. 이에 중국은 실질적으로 양분되는 위험에 빠질 수 있었으므로, 청 조정은 부득불 황족 출신인 치잉(耆英, 1787~1858)을 보내 협상을 진행하도록 했다.

그 주요 내용은 첫째 중국이 영국에 전비와 소각된 아편 등에 대한 손해 배상금 2,100만 달러를 배상할 것, 둘째 홍콩섬을 영국에 할양할 것, 셋째 광둥과 푸저우福州, 샤먼廈門, 닝보寧波, 상하이 등 5개 항을 개방할 것, 넷째 무역을 독점하면서 외국 상인들을 관리 감독했던 공행公行을 폐지하고 관세 협정을 다시 맺을 것, 다섯째 영국인들의 거주를 보장하고 영사관을 설치할 것 등이었다. 1842년 8월, 치잉과 포틴저는 영국 전함 콘 월리스Com Wallis 호에서 '난징南京 조약'을 체결했다. 이렇게 맺은 난징 조약은 9월에는 도광제가 그리고 12월에는 영국의 빅토리아 여왕이 인준했다.

난징 조약을 통해 영국은 중국 진출의 교두보를 확보한 셈이다. 특기할

✛
영국군 군함에서 난징 조약에 서명하는 양측 대표들

만한 것은 이 조약이 아편으로 인해 야기된 것이었음에도 조약 문구 어디서도 아편에 대한 내용은 찾아볼 길이 없었다. 따라서 영국 상인은 마음대로 아편을 밀수할 수 있었고, 청 정부는 이를 취조 감독할 수 없게 되었다. 중국 정부는 배상금 지불과 영토의 할양이라는 굴욕적인 조치에 더해 중국의 국내법이 적용되지 않는 조계租界가 설치되는 등 국제적 위치가 격하되는 굴욕을 감내해야 했다. 하지만 어떻게 보면 이런 물질적인 손해는 어차피 패전국으로서 감수해야 할 작은 손실에 지나지 않는지도 모른다. 오히려 관세에 대한 자주권을 잃게 됨으로써 그렇지 않아도 취약한 국가 재정이 큰 타격을 입고 후진적인 중국 경제가 더욱 피폐해지는 결과를 낳았다.

　나아가 난징 조약은 이후 청 정부가 제국주의 열강과 맺는 모든 불평등 조약의 출발점이 되었다. 1843년에는 미국이, 1844년에는 프랑스가 난징 조약에 근거해 조약을 체결했고, 이렇게 닦여진 길을 따라 다른 열강들도 잇달아 중국에 진출했다. 조약이 맺어질 때마다 새로운 조항들이 추가되었으나, 맨 처음 조약을 맺은 영국은 그로 인해 손해를 볼 필요가 없었다. 1843년 후먼虎門에서 추가로 맺은 조약에 의해 영국 정부는 어떤 경우라도 최혜국 대우를 받기로 규정되어 있었기 때문이었다. 곧 다른 나라에 새로운 특권을 부여하더라도 그와 동일한 내용이 영국에게도 똑같이 주어졌던 것이다.

난징 조약이 중국사에서 갖는 좀 더 중요한 의의는 중국의 천하관이 바뀌었다는 것이다. 종래의 화이사상華夷思想은 의미를 잃고, 종주국과 주변국 사이의 조공을 매개로 한 국제 질서는 더 이상 힘을 발휘하지 못하게 되었다. 이제 중국은 여러 나라들과 대등한 관계에서, 아니 오히려 열등한 관계에서 일방적으로 상대방의 요구를 들어주는 불평등 조약을 맺게 된 것이다. 중국의 입장에서 볼 때, 더욱 불행한 것은 이러한 관계를 자발적 요구에 의해서가 아니라 어쩔 수 없이 떠밀려 맺게 되었다는 사실이다.

이제 자기 자신을 제외한 모든 것들은 그저 사방에 흩어져 있는 오랑캐에 불과하고 하늘 아래 유일무이한 존재라는 의미에서 세계를 '천하天下'라 부르던 중화적 세계관은 심각한 도전에 직면하게 되었다. 어찌 그뿐이랴! 이제는 세계에 존재하는 여러 나라 가운데 한 나라로 인정받고 그들과 대등한 관계를 맺기에도 급급한 처지로까지 내몰린 것이다. 그러기에 혹자는 중화사상으로 대표되는 자기중심적이고 자기규정적인 즉자적 인식에서 상대를 인정하는 대자적 인식으로 넘어간 것이야말로 중국 근대의 시작이라고 주장하기도 했다.

중국의 근대사는 한마디로 이러한 중화주의가 민족 국가들에 의하여 계속 도전을 받으며 그 환상이 깨어짐과 동시에 강력한 민족 국가의 하나로 탈바꿈해 가는 과정이었다.[*, **]

건륭제 말기부터 흔들리기 시작한 중국 사회는 말 그대로 내우외환內憂外患이 중첩해 나타나는 최악의 상황을 맞게 된다. 청의 최 전성기를 이끌었던 건륭제가 죽은 뒤 불과 40여 년 만에 일어난 아편전쟁은 그 시작을 알리는 신호탄이었던 것이다.

---

*라오서, 최영애 옮김, 《루어투어시앙쯔 윗대목》, 통나무, 1997 중판, 87쪽.
**"민중이 즉자적 존재에서 대자적 존재로 변화해 가는 것, 그 성장 과정이야말로 전근대와 근대를 가늠하는 중요한 분기점인 것이다." (히메다 미츠요시 외, 《중국근현대사》, 일월서각, 1985, 19쪽.)

중국을 이해하는 키워드 4

KEYWORD

문화대혁명

마오쩌둥은 "문화대혁명은 무산 계급 독재를 위해 자산 계급의 부활을 방지하고 사회주의를 건설하기 위해 반드시 필요한 조치였다."라고 역설하면서, 린뱌오와 장칭의 공적을 칭송했다. 아울러 당을 새롭게 일떠세우기 위해 공산당 제9기 전국대표대회를 소집하기로 결정했다. 이는 임시방편으로 수립한 혁명위원회의 한계를 인식하고 문혁의 급진적인 성격을 포기하겠다는 것을 의미한다. 이것으로 중국 대륙을 휩쓸었던 문화대혁명은 사실상 끝났다.

중화인민공화국의 수립과
중국 공산당의 과제

1949년 10월 1일 마오쩌둥이 톈안먼 광장에 모인 군중들을 향해 중화인
민공화국의 수립을 선언했다. 이로써 오랜 전란을 끝내고 중국 역사상 최
초의 사회주의 정권이 수립되었다. 그러나 이것이 끝이 아니었다. 오랜 전
란 끝에 중국 대륙은 만신창이가 되어 있었다. 국토는 황폐해질 대로 황폐
해져 있었고, 산업 시설 또한 파괴되어 온전히 남은 것이 없었다. 국민당
정권이 타이완으로 퇴각했다지만 드넓은 대륙 곳곳에는 반란분자들이 비
밀리에 활동을 지속하고 있었다.

여기에는 중국 역사에서 각 시대마다 공통적으로 적용되는 '창업'과 '수

성'이라는 과제가 중국 공산당에 부여되었다. 낡은 체제를 무너뜨리고 새로운 사회를 건설하는 것 못지않게 그것을 유지해 나가는 데에도 오랜 시간과 노력이 필요한 것이다. 당시 중국 공산당 정권에게 시급한 일은 침체된 경제를 부흥하고 아직도 몽매한 상태에 놓여 있는 인민들을 깨우치고 교육하는 일이었다. 중화인민공화국이 수립되고 초기 몇 달 동안은 이런 문제들을 미봉책으로 수습하는 데 시간을 보냈다.

그리고 1950년 6월 25일 한국전쟁이 일어났다. 중국은 원치 않았지만 전쟁에 휘말려들지 않을 수 없었다. 국민당 군을 물리치고 겨우 얻은 평온을 미처 누리기도 전에 온 나라가 다시 전쟁에 휘말리게 된 것이다. 한국전쟁으로 중국은 막대한 희생을 치러야 했다. 연 100만 명에 가까운 인민해방군이 투입되었고, 전쟁으로 인한 비용은 국가 재정 지출의 약 50퍼센트에 달해 그렇지 않아도 취약한 국민 경제에 큰 부담이 되었다.

한국전쟁이 끝난 뒤 중국 공산당은 본격적으로 경제 회복에 나섰다. 동시에 정부 부처나 교육계, 법조계 같은 전문직에 종사하는 지식인들에 대한 정풍운동을 전개했다. 이들 지식인들은 미국을 비롯한 서구 여러 나라에서 공부하고 학위를 받은 사람들이 많았기에 봉건적, 반동적, 매판적, 자본주의적이라는 명목으로 매도될 소지가 다분히 있었다. 하지만 정권 수립 초기에는 교육받은 테크노크라트(technocrat, 기술관료)가 필요했기에 이들을 받아들일 수밖에 없었다. 그럼에도 공산당으로서는 이들을 대상으로 사회주의 건설에 대한 열의와 당에 대한 충성심, 국가에 대한 애국심을 확인할 필요가 있었던 것이다.

1954년 9월, 제1기 제1회 전국인민대표회의가 열렸다. 여기서 중화인민공화국의 헌법이 제정되고, 잠정적인 행정 기구였던 정무원을 국무원으로 전환하는 한편, 국가 주석에 마오쩌둥, 부주석에 주더, 전국인민대표회의 상무위원장으로 류사오치, 국무원 총리에는 저우언라이가 임명되었다. 또 장기간에 걸친 점진적인 사회주의 건설의 기본방침으로 마오쩌둥의 〈과도기의 총노선〉이 정식으로 채택되었고, 대외적으로는 평화 외교를 표방했다. 이렇듯 대내외적으로 안정기에 접어들자 공산당은 본격적으로 경제 부흥을 위한 장기 계획 수립에 착수했다.

이듬해인 1955년 7월에 열린 전국인민대표대회 제1기 제2회에서 경제 개발을 위한 제1차 5개년 계획이 정식으로 채택되었다. 그러나 7월 31일 마오쩌둥은 갑자기 전국 각 성과 시, 구 당 위원회의 서기들을 총소집해 〈농업 협동화의 문제에 대하여〉라는 제목의 보고를 했다. 여기서 마오쩌둥은 점진적인 농업 집단화를 격렬하게 비난했다. 결국 1955년 후반부터는 중국 사회주의 건설의 기본 방향에 관한 집단적, 국가적 합의를 무시한 마오쩌둥의 호소 아래 중국 농촌의 집단화가 급격하게 진행되었다.

그러나 조급한 실행으로 말미암아 많은 부작용이 나타났다. 공업 생산은 중공업으로 편중되어 식량과 소비재가 부족했고, 자재 공급의 정체로 재정 적자와 물가 앙등이라는 사회 문제가 대두되었던 것이다. 1956년 무렵에는 농민이 합작사를 탈퇴하고 도시에서는 노동자의 파업과 식량 시위가 이어지는 등 사회 혼란이 일어났다. 이로 인해 공산당 내부에 의견 대립을 통한 모순과 갈등이 생겨나기

+
영화 〈우쉰 전〉 포스터

시작했고, 중앙 정책에 대해 지방의 독자적 기능과 정책 등을 주장하는 자들을 제국주의자나 반 혁명분자의 대리인, 당의 단결을 파괴하는 자로 몰아붙여 제거하는 하나의 패턴이 생겨났다.

그 전형적인 예가 학술, 문예계에 불어닥친 정풍운동이다. 이것은 영화 〈우쉰 전武訓傳〉에 대한 비판으로 시작해서 《《홍루몽》 비판》을 거쳐 저명한 마르크스주의 문예비평가인 〈후펑胡風에 대한 비판〉으로 정점에 달했다. 이러한 일련의 사태는 1955~1956년 사이에 초급 합작사가 고급 합작사로 병합되는 과정에서 일어났다. 이 사건을 빌미로 삼아 당에서는 사회 전반에 대한 절대적인 지배권을 장악하려는 동시에 '토지 개혁'을 가속화하려는 당의 입장이나 마오쩌둥의 생각에 반기를 드는 사람을 색출하려 했다는 사실을 알 수 있다.

+

티베트 수도 라싸의 포탈라 궁 바로 앞에 세워진 티베트 평화해방기념비 ⓒ 조관희, 2004

　　그러던 중 1956년 2월에는 소련 공산당 제20차 대회에서 '스탈린 비판' 이 진행되었다. 영원할 것 같았던 스탈린에 대한 신격화가 한순간에 무너 지고, 사회주의 체제 내에 일종의 '해빙기'가 찾아왔다. 같은 해 4월, 마오쩌 둥은 이런 분위기에 편승해 중국 공산당원들이 외부인이 표명한 합리적인 견해를 재고하고 서구 사회를 좀 더 연구하며 외국어를 배울 것을 주장했 다. 10월에는 소련군이 헝가리를 침공했고, 비슷한 시기에 티베트에서도 중국군의 주둔에 반발하는 대규모 시위가 일어났다. 국내외적으로 불리한 상황이 전개되자 베이징에서 마오쩌둥의 입지는 좁아졌고, 그만큼 마오쩌 둥의 조급증 또한 더해갔다.

이듬해인 1957년 2월, 마오쩌둥은 최고 국무회의 제11차 확대회의 석상에서 '백 가지 꽃을 일제히 피우고百花齊放', '백 가지 학파의 의견이 일제히 분출되어 서로 다투도록 하자百家爭鳴'라는 의견을 제시했다. 마오쩌둥의 이러한 발언에 고무되어 4월부터 공산당원의 관료주의와 분파주의, 주관주의를 극복하는 제2차 정풍운동이 전개되었다. 당 중앙은 '말하는 데 죄를 묻지 않는다言者無罪'라는 구호 아래 중국 공산당에 대한 비판을 적극적으로 호소했다. 그러나 시간이 흐를수록 비판의 범위가 확대되어 마오쩌둥의 권력에 대한 비판으로 이어졌고, 급기야 베이징 대학의 중심부에 '민주의 벽'이 설치되어 중국 공산당을 비판하는 대자보가 가득 채워지는 등 사태는 걷잡을 수 없이 흘러갔다.

쌍백운동이 자신의 의도와 다르게 진행되고 있다고 판단한 마오쩌둥은 돌연 태도를 바꾸어 강경한 입장으로 돌아섰다. 6월 8일 〈인민일보〉에는 공산당의 정풍을 돕는다는 구실하에 소수의 우파분자가 공산당과 노동자 계급의 지도권에 대해 도전하고 있으며, 공공연히 공산당은 물러가라며 떠들어 대고 있다는 글이 실렸다. 그다음 날도 〈인민일보〉 사설에서는 적극적인 비판도 필요하지만 올바른 비판도 필요하다며 공산당을 부당하게 비판한 자들에 대한 재비판을 주장했다. 6월 19일에는 마오쩌둥 자신이 문제의 시발점이 되었던 본인의 글 〈인민 내부의 모순을 올바르게 처리하는 문제에 대하여〉를 수정 보완하여 다시 발표했다.

7월이 되자 중국 공산당은 이 운동을 반사회주의적 독초를 일소하기 위한 반우파 투쟁으로 전환할 것을 선언하고, 당 비판자에 대한 공격을 시작했다. 30만 여 명이 넘는 지식인들이 우파로 찍혀 노동수용소나 감옥에 들어갔고 농촌으로 쫓겨 갔다. 이것은 신중국 수립 이후 중국 혁명의 전 과정에서 그 어느 것보다 결정적인 의미를 갖는 전환점이 되는 사건이었다. 중국 공산당은 이를 계기로 이제까지 중국 혁명에 함께 동참했던 민주적인 당파를 포함한 공산당 이외의 당파에 속한 지식인들을 배제했으니, 이것은 신중국 수립 이후에도 견지되었던 민족통일전선의 논리가 완전히 소멸되었다는 것을 의미한다. 이후 중국 공산당의 일당 독재 체제가 강화되고 사회주의 사회에서의 복수 정당의 존재라는 건국 초기의 원칙은 완전히 와해되었다.

그러나 애당초 점진적으로 진행하고자 했던 경제 발전 계획은 장기적인 국면에 접어들면서 활기를 잃어가고 있었을 뿐 아니라 그 폐해가 나타나기까지 하였다. 마오쩌둥은 혁명에 참가한 이래 인간의 의지와 대중의 자발적인 참여에 대한 뿌리 깊은 신념을 갖고 있었다. 1957년, 소련 방문을 마치고 돌아온 마오는 그해 12월부터 다음 해인 1958년 4월까지 중국 각지를 여행하며 직접 민중과 접촉해 민중의 적극성과 창조성을 재확인하고자 했다. 그 결과 마오는 대약진운동과 영구혁명이라는 두 가지 슬로건으로 정리되는 새로운 급진 정책을 제기하기에 이르렀다. 대약진운동이 공표된 것은 1958년 5월에 열린 중국 공산당 8전 대회 제2차 회의에서였지만, 실제로는 그 전해인 1957년 가을에 시작된 수리水利 건설운동에서 시작되었다. 이것은 노동력의 대량 투입에 의한 인해전술식 사회주의 건설 방식으로, 생산력을 비약적으로 발전시키겠다는 의도에서 추진된 사업이다. 이로써 연 인원 1억여 명이 참여해 780만 헥타르의 토지가 개간되었다.

국내 여행에서 돌아온 마오쩌둥은 같은 해 5월 5일부터 23일까지 앞서

+
류사오치의 고향에 남아 있는 그의 생가 ⓒ 조관희, 2010

말한 8전 대회 제2차 회의를 개최하였다. 류사오치는 활동 보고를 통해 마오쩌둥의 말을 직접 인용하며 대약진운동의 취지를 자세하게 설명했다. 사실상 마오쩌둥과 다른 생각을 갖고 있던 류사오치가 이렇게 한 것은 반우파 투쟁으로 민중의 호응이 마오쩌둥에게 향한 것을 확인했고, 동시에 마오의 후계자로서 자신의 위상이 확고해지는 와중에 그에게 반대하는 입장을 취할 필요가 없었기 때문이었다. 여기서 한 걸음 더 나아가 류사오치는 마오쩌둥의 이름으로 대약진운동과 영구혁명의 필요성을 천명했다. 이러한 영구혁명에 대한 자신감은 마오가 갖고 있는 중국 인민의 개조에 대한 확고부동한 신념과 그것이 가능하다는 믿음에 있었다. 그런 믿음 때문에 마오는 중국이 공업과 농업 분야에서 자본주의 대국들을 따라잡는 데 그리 많은 시간이 필요치 않을 것이라 생각했다.

이러한 생각은 마오가 같은 해에 발표했던 〈전국 농업발전 요강〉이라는 문건에 집약되어 있었으며, 이것은 제2차 대회에서 채택되었다. 여기에서 사회주의 건설의 총 노선과 대약진이 결합되었고, 이후에 인민공사와 결합된 삼면홍기三面紅旗라는 슬로건이 나오게 되었다. 바로 이 삼면홍기가 흔히 대약진운동이라 불리는 것의 실체인 셈이다. '대담하게 마음먹고, 항상 높은 목표를 지향하며, 좀 더 많이, 좀 더 빨리, 좀 더 좋게, 좀 더 절약하여 사회주의를 건설하는 것'이 대약진운동의 목표로 내세워졌다. 그리고 중공업을 우선적으로 발전시키는 것을 전제로 하되 공업과 농업을 동시에 발전시키고, 중앙 공업과 지방 공업, 근대 공업과 전통 공업 등을 동시에 발전시키는 '두 발로 걷는다讓兩條腿走路'라는 방침이 채택되었다.

1958년 여름, 인민공사가 실험적으로 결성되기 시작했을 때 마오는 직접 농촌을 방문하고 돌아와 농업 집단화를 통한 생산력 증강이 사회주의화를 가속시킨다고 주장했다. 1958년 8월 베이다이허北戴河의 휴양지에서 열린 공산당 중앙위원회에서는 인민공사의 경영 아래 농업 생산이 많게는 수십 배에 이르렀다는 주장이 나와 참석자들을 깜짝 놀라게 했다. 결국 그때까지 이 정책을 공식적으로 승인하지 않았던 중앙위원회는 이러한 일련의 성과들을 추인하면서 8월 29일 농촌에 인민공사를 설립하는 것에 관한 결의를 채택했다. 이후 전국적으로 인민공사가 대약진운동의 실행 단위로 조직되기 시작했고, 그해 말 중국 전역에 740만 개의 합작사가 2만 6천 개의 공사로 통합되어 전체 농민 인구의 99퍼센트가 이에 속했다.

이와 동시에 '두 발로 걷는다讓兩條腿走路'라는 방침에 따라 대도시 중심의 대형 근대 공업에 비해 비교적 규모가 작고 재래 기술을 이용한 지방 공업화가 추진되었다. 이것은 또 대중운동으로도 전개되었으니, 용적이 불과 3,050세제곱미터에 불과한 소형 용광로인 토법고로土法高爐가 전국의 농촌 지역에 200만 기나 건설되었다. 성공에 대한 확신에 발맞추어 식량 생산과 선철 등의 생산 계획 또한 배증되거나 조기 달성 등의 압력이 각 부분과 각 지역 정부에 가해졌다.

그러나 결과적으로 대약진운동은 처참하게 실패했다. 중국 공산당은 운이 없었던 것일까? 대약진운동의 과도한 목표 설정으로 공업 제품과 식량에 이르는 기본 건설 투자가 적정선을 넘어 경제가 과열 상태에 이르렀다. 특히 철강 생산에 지나치게 매달리다 보니 대형 제철소는 물론이고 토법고로에도 전국적으로 5천만 명이 넘는 인원이 동원되어 밤낮으로 제철과 제강에 종사하게 되었다. 이에 따라 노동력뿐 아니라 석탄 생산과 그 수송, 전력의 공급이 편중되는 등 국민 경제의 각 방면에서 일종의 병목 현상이 나타났다.

하지만 기대했던 철강 생산은 정반대의 결과를 낳았다. 수많은 농민들이 철강 증산을 위해 자신들의 농기구를 손으로 만든 허접한 용광로에 던져 넣어 증산에는 성공했으나, 그렇게 생산된 선철 가운데 30퍼센트가량은 아무짝에도 쓸모없는 것으로 판명되었다. 그럼에도 중요한 것은 수치상의 목표 달성이었기에 상부에서 내려온 목표를 초과 달성했다는 거짓 보고들이 계속 올라갔고, 이에 고무되어 중앙에서는 당초의 계획을 상향 조정해 내려보내는 악순환이 계속되었다. 겉으로는 대약진운동으로 국민 경제가 크게 약진한 듯 보였지만, 실상은 그렇지 않았던 것이다.

농업 분야에서의 파탄은 더욱 심하게 나타났다. 중국의 전통적인 공동체 사회의 특성을 무시한 공동 식당과 공동 보육, 절대 평등주의를 통한 대규모 집단화는 농민들의 생산 의욕을 감소시켰다. 이에 더해 농민들은 자신의 본업인 농업 이외에도 토법고로 등에 동원되어 노동력을 혹사당했다. 결정적으로 1959년부터 3년간 이어진 심각한 자연재해로 전국의 농촌은 궤멸적인 타격을 입었다. 각지에서 식량 부족 현상이 일어나 동북의 공업 도시에서는 옥수수나 수수의 배급까지 감소했다. 사람들은 휴일조차 들에 나가 수확 후의 낱알들을 줍지 않으면 안 될 지경이었다. 그나마도 없어 사람들이 굶어 죽는 일까지 벌어졌다.

대외적으로도 1958년 여름의 타이완 해협 위기 당시 소련은 중국의 모험주의적인 단기 결전 정책에 의문을 표명했으며, 중국이 진먼다오金門島를 포격했을 때도 지원을 거부했다. 급기야 1959년 6월에는 1957년에 맺은 중소 신군사협정을 일방적으로 파기하고 중국에게 원폭 미사일의 견본과 기술 자료를 제공하는 것을 거부했다. 중국의 입장에서는 핵무기를 포함한 소련의 원조가 절실했지만, 흐루시초프의 생각은 달랐다. 자신들의 발등에 붙은 불이 더 급했던 것이다.

같은 해 세계 각국에서는 많은 사건들이 이어졌지만, 중국은 어느 것 하나에서도 영향력을 발휘하지 못했다. 3월에는 티베트에서 무장 반란이 일어났는데, 인민해방군은 이를 무자비하게 진압하여 많은 티베트인들이 살상되었고 수많은 사원들이 파괴되었다. 이때 달라이 라마가 인도로 망명했으며, 인도는 중국의 항의에도 아랑곳하지 않고 그에게 피난처를 제공

✚
당시 폭격을 당한 흔적이 그대로 남아 있는 티베트의 간덴 사원 ⓒ 조관희, 2004

했다. 중국은 점차 고립무원의 상태에 빠져 이른바 '죽의 장막'에 갇히게 되었다. 이렇듯 대약진 정책의 좌절, 이후 3년간 이어지는 자연재해, 중소 대립으로 인한 경제적 곤란이라는 삼중고에 직면한 중국 공산당은 어쩔 수 없이 대약진운동을 재고해야만 했다.

주자파의 등장,
검은 고양이든 흰 고양이든

대약진운동의 재고 움직임은 이미 1958년부터 시작되었다. 그러나 대약진운동의 수정은 쉬운 일이 아니었다. 이를 위해 같은 해 여름부터 12월에 이르기까지 수많은 회의가 열렸고 많은 문제점들이 지적되었다. 그럼에도 대약진운동의 기본 방침은 견지되었으며, 일부 문제가 드러난 부분에 대한 '정돈' 공작을 시행하는 것으로 논의가 중동무이되었다. 그리고 그다음 해인 1959년 4월, 전국인민대표회의 제2기 제1회 대회에서 마오쩌둥은 국가 주석직에서 물러나고 당 주석직만 유지했다. 마오를 대신해 류사오치가 주석의 자리에 올랐다. 1959년 7월, 심각한 경제 위기에 직면한 중국 공산당은 쟝시 성 루산廬山에서 정치국 확대 회의를 열었다.

✦
펑더화이

여기에서 국방부장 펑더화이彭德懷는 대약진과 인민공사에서의 '쁘띠부르주아적 열광주의'의 오류들을 비판했다. 펑더화이가 열거한 대약진운동의 모순점은 세 가지였다. 첫째, 대약진운동은

+
루산회의가 열렸던 루산인민극원 ⓒ 조관희, 2014

중국의 장기 경제 발전에 큰 타격을 주었다. 그것은 장기 경제 발전이 단순한 군중 동원에 의해 이루어지는 게 아니라 기술 발전에 기반을 두고 있어야 하는 것이기 때문이다. 둘째, 대약진운동은 소련의 발전 모델을 배격함으로써 중국과 소련의 관계를 악화시켰다. 셋째, 군인들이 대약진운동에 동원됨으로써 사기가 저하되고 군의 전투력이 크게 감소되었다.

그러나 마오쩌둥은 오랜 혁명 동지의 충언을 자신의 노선에 대한 도전일 뿐 아니라 대약진운동에 대한 부르주아 계급의 동요를 반영한 것으로 받아들였고, 그가 우파 기회주의자들의 모임을 결성하고 원칙 없는 분파주의적 행동을 하고 있다고 비난했다. 마침 펑더화이는 회의 직전에 소련을 방문한 적이 있었는데, 마오는 그때 펑더화이가 흐루시초프로부터 인민공사에 대한 부정적인 정보를 받은 게 분명하다고 믿었던 듯하다. 결국 인민공사의 무리한 추진 등 당대의 좌 편향적인 오류를 시정했어야 할 회의가 오히려 우익 기회주의자들과의 투쟁의 장으로 변해 펑더화이와 그를 지지하는 자들은 반당 집단으로 몰려 실각했다.

그렇지 않아도 반우파 투쟁으로 비판적인 지식인들이 입을 다물고 있던 상황인지라, 이제는 그 누구도 마오쩌둥에게 반기를 들고 비판적인 견해를 내놓으려 하지 않았다. 후임 국방부장으로 임명된 린뱌오林彪는 재빨리 '마오쩌둥 사상'에 입각한 군의 사상 공작, 정치 공작을 강화하고 군을 장악했다. 그리고 대약진운동은 계속 추진되었다. 그러나 대약진운동의 무리한 추구로 국민 경제는 파탄에 이르렀으며, 식량 부족으로 전국에서 2천만 명이 넘는 아사자가 나왔다. 이러한 인적 피해뿐 아니라 자원을 무차별하게 파헤치고 용광로를 돌리고자 삼림을 남벌하여 자연환경 역시 크게 파괴되었다. 이제 상황은 천하의 마오쩌둥도 어찌할 수 없을 만큼 파국으로 치닫고 있었다.

그사이 중국과 소련의 관계는 악화 일로를 걷고 있었다. 일찍이 1959년 8월 중국과 인도 사이에 국경 분쟁이 일어났을 때 9월에 발표된 소련의 〈타스〉 통신 보도는 양국 간의 국경 분쟁에 대해 유감을 표시하고, 양국 모두에게 이러한 '오류'를 시정하는 노력을 기울일 것을 촉구하였다. 중국은 소련이 자신들을 부르주아 국가와 동등하게 취급하고 있는 데 대해 분노했다. 여기에 더해 중국은 소련이 이 성명을 발표 당일 아침이 되어서야 자신들에게 통보했고, 잠시 발표를 유보해 달라고 부탁했음에도 소련이 강행한 데 대해 할 말을 잃고 말았다. 이 성명 발표로 중국과 소련이 다시는 돌이킬 수 없는 길로 들어섰다는 것은 양국 모두 인정하는 사실이다.

1960년 여름, 양국 간의 갈등을 현실화하기 위한 수순을 밟아 나가듯 소련은 중국 내에서 일하고 있던 1,390명의 전문가와 고문들 전원을 철수시키겠다는 뜻을 밝혔고, 실제로 9월에 실행에 옮겼다. 343개에 이르는 전문가 파견 계약과 계약 보증서 등이 일방적으로 파기되었고, 합계 277개 항목에 이르는 과학기술 협력 계획이 취소되었다. 그 뒤로도 플랜트와 각종 설비의 핵심적인 부분에 대한 제공을 대폭 삭감해 중국에 막대한 손해를 입혔다.

대약진운동의 실패에 더해 소련과의 대립으로 중국 경제는 막다른 골목에 내몰렸다. 마오쩌둥이 2선으로 물러난 뒤 사태 수습을 책임진 것은 국가 주석인 류사오치와 당 총서기인 덩샤오핑鄧小平, 베이징 시장인 펑전彭眞 등 공산당 내 실권파 세력이었다. 류사오치는 표면적으로는 마오쩌둥에 협력하면서 실제로는 대약진운동을 재조직하는 조정 정책에 착수했다. 당면 과제는 식량 위기였으므로 도시 인구의 강제 소개疏開라는 과감한 정책을 단행하여 1961~1963년까지 2천만 명 정도의 도시 인구를 줄였다. 이로 인해 농업 투자가 대폭 증가되었으며, 화학 비료나 농약, 화학 섬유의 공급을 위해 서구 여러 나라들로부터 대형 화학 플랜트를 구입했다. 그리고 소비 물자의 확보를 위해 농업 생산재를 제외한 공업 분야의 기본 건설 투자가 대폭 삭감되었다.

그러나 소련과의 갈등으로 미국을 포함한 세계 양 대국과의 대립이라는 엄중한 현실에 맞서고자 원자폭탄과 대륙 간 탄도탄의 개발에 막대한 자금이 투입되었다. 인민공사는 대규모 생산 대대에서 초급 합작사의 자연 촌락 규모인 생산대로 축소되었다. 농민 개인의 자유의사가 존중되었고, 공동 식당은 폐쇄되었으며, 농민들의 생산 의욕을 고취하기 위해 '3자 1포三自一包' 정책이 장려되었다. 여기서 3자, 곧 세 가지 '자自'는, 농민에게 경지의 5퍼센트 한도 내에서 자유롭게 경영할 수 있는 땅인 자류지自留地를 인정하고, 농촌에 자유시장自由市場을 허용하며, 일종의 독립채산제로 '남고 모자라는 것을 스스로 책임진다'라는 의미의 자부영휴自負盈虧를 시행하는 것을 말한다. 그리고 한 가지 포包는 생산의 호당 책임제 정책인 포산도호包産到戶를 가리킨다.

1961년 1월에 열린 중국 공산당 제8기 9중전회에서는 '삼면홍기'의 정당성을 재확인하고 이것이 중국의 실제 정황에 적응하고 있다는 점이 강조되었다. 아울러 국민 경제 발전의 총 방침으로 '농업을 기초로 하고 공업을 길잡이로 삼는다'라는 슬로건이 채택되었는데, 이것은 대약진운동이 내걸었던 기치 가운데 하나인 '두 발로 걷는다'라는 정책과 일맥상통하는 것이다. 류사오치와 덩샤오핑 등 실권파가 대약진운동의 과도함과 급진성에 대해 불만을 품었던 것은 사실이었지만, 그들은 앞서의 펑더화이와 같이 마오쩌둥의 권위에 드러내 놓고 도전하고 대결하는 자세를 취하지 않았다. 그러나 류사오치 등이 아무리 신중하게 언어를 구사했더라도 마오쩌둥이 지향하는 사회주의 혁명에서 벗어나는 것을 피할 길이 없었다.

이 회의에서 그 전해인 1960년 9월 저우언라이가 국가경제위원회의 보고에서 발표했던 '조정調整, 공고鞏固, 충실充實, 제고提高'라는 '8자 방침'이 정식으로 통과되었다. 이것은 사실상 대약진운동의 종결을 의미하는 것이었다. 덩샤오핑이 "생산만 증대된다면 우리는 개인 기업으로 환원할 수도 있다. 흰 고양이든 검은 고양이든 쥐만 잘 잡으면 좋은 고양이다."라는 발언을 한 것 역시 이즈음이었다. 이렇듯 실용적인 정책을 채용했다는 사실 자체만으로 펑더화이가 옳고 마오쩌둥의 노선이 잘못되었다는 것을 부각시키는 결과를 낳았다.

바로 같은 기간인 1961년 1월 베이징에서는 연극 〈하이루이의 파면海瑞罷官〉이 공연되었고, 그해 여름 책으로 출판되었다. 이 연극은 본래 명대사明代史 연구가로 당시 베이징 시 부시장이었던 우한吳晗이 그 전해에 쓴 극본을 무대에 올린 것이다. 당시에는 별 문제 없이 넘어갔지만, 불과 5년 뒤인 1966년 중국 전역에 몰아닥친 문화대혁명이라는 광풍의 서막을 알린 결정적인 빌미가 되었다. 앞서 언급한 바 있는 전국인민대표회의 제2기 제1회 대회가 열렸던 1959년 4월, 마오쩌둥은 당 중앙회의를 소집하고 당 간부들이 대약진운동의 성과를 허위로 과장 보고하는 것을 비판했다. 그 자리에서 마오는 명 대의 청백리인 하이루이가 죽음을 무릅쓰고 황제에게 간언한 것은 황제를 비난하기 위해서가 아니라 황제에 대한 충성심의 발로였다*라고 주장하면서 지금은 그와 같이 죽음을 무릅쓰고 간언하는 충직한 관리가 없다고 한탄했다.

'하이루이를 배우자'라는 마오쩌둥의 말 한마디에 하이루이에 대한 열풍이 불었고, 그와 관련한 연극이 크게 유행했다. 그 와중에 〈하이루이의 파

---

*자세한 것은 《조관희 교수의 중국사 강의》, 궁리, 2011, 290쪽 참고.

✛
경극 〈하이루이의 파면〉의 한 장면

면〉 역시 우한이 유명한 경극 배우 마렌량馬連良으로부터 하이루이의 정신을 현대 경극으로 개편해 달라는 요청을 받고 만든 것이었다. 연극은 크게 성공했다. 공연이 끝나자 마오쩌둥은 마렌량을 직접 불러 연기가 훌륭했다고 칭찬하며 하이루이는 훌륭한 충신이라고 말했다. 이렇듯 〈하이루이의 파면〉은 공연 당시에는 별 다른 문제가 제기되지 않았지만 당시 마오쩌둥의 급진성에 염증을 낸 일부 지식인들이 표출했던 불만의 일단을 보여 주는 한 예라 할 수 있다.

1962년 1월, 마오쩌둥은 당의 고급 간부 7천 명을 소집해 확대 중앙공작회의(일명 7천 인 대회)를 소집하고, 이 자리에서 대약진운동의 실패를 공식적으로 발표했다.

"중앙이 범한 잘못은 직접적으로 나의 책임이고 간접적으로도 나에게 얼마간의 책임이 있다. 그것은 내가 중앙의 주석이기 때문이다."

회의석상에서 마오는 이렇게 자아비판을 했지만, 다른 사람들의 당권에 대한 도전은 거부했다. 저우언라이와 덩샤오핑도 자아비판을 했지만, 국방부장 겸 인민해방군 총사령관인 린뱌오는 "마오 주석의 사상은 정확했다."라고 선언하며, 이런 문제가 생긴 것은 마오 주석의 지시대로 일을 운용하지 않고, 그의 의견을 존중하지 않거나 오히려 방해했기 때문이라고 반박했다. 그러나 마오쩌둥의 당내 위상이 하락하는 것은 피할 수 없는 현실이었다. 같은 해 8월, 베이다이허에서 열린 중앙공작회의에서 덩쯔후이 鄧子恢 등은 사회주의 정치 체제라는 당의 근본 문제에 대해 논의를 제기했다. 그들이 제기한 안건은 대약진운동의 실패가 사회주의라는 정치 체제로 말미암은 것인지, 그렇다면 사회주의 체제를 계속 견지할 것인지 등등 과거 같으면 상상할 수도 없는 것이었다.

당시 중국을 둘러싼 국내외의 상황은 심각했다. 식량 위기로 각지에서 치안의 문란과 말단 행정의 혼란이 일어났고, 농촌에서는 마오쩌둥이 사회주의의 타락으로 보았던 각 호별 단독 경영이 확산되기 시작했다. 4월에는 소련과의 접경지인 위구르 자치구의 소수 민족 6만 명이 소련의 카자흐 지방으로 도망쳤고, 5월에는 이리 지역의 위구르 족들이 반란을 일으켰다. 마오쩌둥은 이들의 배후에 소련이 있다고 의심하였다. 내몽골 자치구에서도 반란이 일어났으며, 10월에는 인도와의 국경 분쟁으로 군사 충돌이 일어났다. 나중에 오보로 밝혀지긴 했지만 어수선한 정국을 틈타 타이완의 국민당 정부가 타이완 해협을 건너 중국을 침공할 계획을 세웠다는 첩보도 입수되었다.

이런 상황에서 1962년 9월 중국 공산당 제8기 10중전회가 개최되었다. 경제 정책면에서는 9중전회에서 채택되었던 '농업을 기초로 하고 공업을 길잡이로 삼는다'라는 슬로건을 공식적으로 승인함으로써 경제 조정기의 기본 노선을 확립하고, 인민공사의 정돈과 온건 노선을 용인하는 등 회의의 기본 기조는 바로 전해에 열렸던 9중전회에서 확인했던 사항들을 재확인하는 데 지나지 않았다. 하지만 마오쩌둥은 정치면에서 단호한 입장을 취했는데, 이 회의에서 발표된 〈공보〉는 이후 펼쳐질 문화대혁명의 일종의 복선이라 할 만큼 중요한 의미를 지닌다. 여기에서는 '프롤레타리아 혁명과 프롤레타리아 독재'의 시기 전체에 '복잡다단하고 곡절과 기복이 그치지 않는' 계급투쟁이 존속하고 있다는 사실을 지적했다. 마오는 "계급투쟁을 잊지 말라."라고 호소하면서, 이 역사적 기간을 수십 년 혹은 더 장기간으로 예상하고 이 기간의 계급투쟁이 '국외의 제국주의의 압력과 국내의 부르주아의 영향'을 받아 '어김없이 당내에 반영되어 왔다'라는 사실을 지적했다.

10중전회가 끝나고 당권파인 마오쩌둥과 린뱌오, 캉성 등이 실권파인 류사오치, 덩샤오핑, 천윈 등과 갈등을 빚어 정국이 긴장 상황에 놓이자, 마오쩌둥의 부인인 장칭江靑이 앞서 말한 연극 〈하이루이의 파면〉을 정치 문제화하여 상대를 제압하자고 건의했다. 하지만 마오쩌둥은 연극을 직접 보고 '하이루이를 배우자'라는 구호까지 제기했던 장본인이었던지라 불과 1년 남짓 시간이 흐른 시점에 자신의 견해를 180도 뒤집는다는 것은 실로 난감한 일이었다.

해가 바뀌어 1963년 5월이 되자 마오쩌둥은 좀 더 적극적으로 자신의 주장을 펼쳐 나갔다. 5월 9일, 마오는 실천의 중요성을 강조하면서 '세 가지 위대한 혁명 투쟁'으로서 '계급투쟁, 생산 투쟁, 과학 실험'의 3대 혁명운동의 중요성을 제기하였다. 5월 20일에는 이른바 '전前 10조'라 불리는 〈당면한 농촌 공작에 있어 약간의 문제에 관한 중공 중앙의 결정 초안〉을 지도하여 사회주의 교육운동에 있어서 당의 정책 방침을 지시하였다. 여기서 마오는 이렇게 발언했다.

"선진적 계급을 대표하는 올바른 사상은 일단 대중에게 파악되면 사회를 개조하고 세계를 개조하는 물질적 역량으로 전환된다."

이것은 1962~1963년에 걸쳐 공산당이 경제 축소 정책을 채택함으로써 농촌의 사기가 땅에 떨어지고 간부들이 지위를 남용하는 등의 폐단이 나타나자 중국 사회에 사회주의의 기본적 가치들을 재도입하기 위해 새롭게 종합적인 사업을 시작하자는 것을 지적한 것이다. 구체적으로 '4청운동四淸運動'*이 시행되었는데, 이것은 회계 절차, 곡물창고의 재고, 재산 축적, 공사에서 수행한 노동 시간과 종류에 따른 작업 보상 점수의 할당 등을 점검하는 운동을 말한다.

류사오치와 그의 측근들은 이러한 상황을 교묘하게 대처해 나갔다. 그들은 겉으로 마오의 지시에 적극적으로 따르는 체하면서 실제로는 마오의 지시를 왜곡했다. 우선 마오의 '전 10조'의 자구를 바꾸어 '후 10조'(원래 명칭은 〈농촌의 사회주의 교육운동에 있어 약간의 구체적인 정책에 대한 당 중앙의 결정〉)를 발표했는데, 그 첫머리에서 전 10조의 결정을 지지한다고 선언하고 후 10조는

---

*문화대혁명 이후에는 정치, 경제, 조직, 사상의 네 가지 영역을 깨끗하게 정화하는 운동으로 확대되었다.

어디까지나 전 10조를 보충하기 위한 것에 지나지 않는다는 사실을 분명히 밝히고 있다. 그러나 구체적인 내용에서는 전 10조의 결정을 시행에 옮기는 데 있어 많은 단서를 달고 있었는데, 그 주요한 흐름은 사회주의 교육운동의 전개 속도를 완만하게 유지하자는 데 있었다.

이는 사회주의 교육운동을 법의 테두리 안에서 온건하게 진행시키자는 것으로, 전 10조를 혁명적 계급투쟁을 전제로 하는 초사법적인 대중운동으로 확대하려 했던 마오쩌둥의 의도에 찬물을 끼얹은 것이나 다름없었다. 류사오치 등이 대안으로 제시한 것은 대중 발동을 기본으로 하는 사회주의 교육운동을 상부로부터 파견된 공작조에 의한 감찰 강화로 바꾸는 것이었다. 이를 직접 실행에 옮긴 것이 류사오치의 부인인 왕광메이王光美의 사례이다.

왕광메이는 1963년 11월부터 다음 해 4월까지 허베이 성의 타오위안桃園에 가서 자신의 신분을 숨기고, 지역 당 간부들의 부정과 농민들 사이에 퍼져 있는 자본주의의 싹들을 발견해 류사오치에게 보고했다. 류사오치는 죄인들에 대한 대중적 투쟁을 지시하여 타오위안의 간부들 47명 가운데 40명이 공식적으로 비판당하거나 면직당했다. 그러나 이런 일련의 행위들에 대한 마오쩌둥의 태도는 단호했다.

류사오치는 중국 공산당의 비리의 시정은 당 내부의 문제이며, 대중의 눈으로부터 위신을 지키기 위해서 당원 자신이 처리해야 한다고 생각했다. ……
마오쩌둥은 만약 당이 심각하게 취약해진 모습을 보인다면 공개적인 토론과 비판을 통해 교화되어야 한다고 믿었고, 그 과정에는 '대중'도 참여해야 한다고 생각했다. 그러므로 마오쩌둥은 류사오치와 그의 친구들이 '사청'이나 비교적 작은 경제적 과오에 집중함으로써 문제의 핵심에서 빗나가고 있는 반면, 자신은 진정한 프롤레타리아트가 부르주아지에 대항하기에 알맞은 사회주의 운동을 요구하고 있다고 믿었다.*

마오가 제시했던 모범적인 사례는 공업 면에서는 헤이룽쟝 성에 위치한 다칭大慶 유전의 개발이고, 농업 면에서는 산시 성山西省 소재의 다자이大寨 생산대대의 모범적인 운영이었다. 마오는 1964년에 이르러 이 두 곳의 사례를 중단 상태에 놓였던 관료주의와 수정주의를 벗어나려는 운동의 '선진적인 모델'로 제시했다.

1964년 말, 마오쩌둥은 실권파들에 대해 비판을 좀 더 확실하게 하고자 중국 공산당 중앙정치국 전국공작회의를 소집했다. 이 회의는 이듬해까지 이어져 1965년 1월 14일 마오쩌둥이 초안한 〈농촌의 사회주의 교육에서 제기된 약간의 당면 문제〉(이른바 '23개 조')라는 짤막한 문서를 채택했다. 이것은 앞서 제기한 사회주의 교육운동의 연장선상에 있는 것으로, 실제로는 미구에 밀어닥칠 문화대혁명의 신호탄과 같은 성격을 가진 일종의 선언문이었다. 특히 주목할 만한 것은 23개 조의 제2조에서 처음으로 사회주의 교육운동의 중점이 당내에서 자본주의의 길을 걷고 있는 실권파를 공격하는 것에 있다고 선언하고, 지방 간부는 더 이상 운동의 대상이 아니고,

---

*조너선 D. 스펜스, 김희교 옮김, 《현대 중국을 찾아서 2》, 이산, 1998, 182쪽.

이제는 아래로부터의 통제가 상부에 의한 통제보다 중요하다고 지적한 것이다.

장칭을 위시한 일파의 우한에 대한 공격은 집요했다. 1962년 9월, 중국 공산당 제8기 10중전회가 끝난 뒤 장칭이 연극 〈하이루이의 파면〉을 반대파를 제거하는 빌미로 삼자고 제안한 이래, 그들은 끊임없이 마오쩌둥에게 이 연극을 정치 문제화할 것을 요구했다. 마오쩌둥의 마음이 결정적으로 돌아선 것은 정치국원인 캉성康生마저 이 연극을 '루산회의'와 결부시켜 설명했기 때문이었다. 1965년 1월, 장칭은 상하이 시 당 위원회 서기인 장춘챠오張春橋를 불러 마오의 실권을 만회하고자 반대파를 제거할 것을 극비리에 모의했다. 장칭과 장춘챠오는 당시로서는 무명 인사에 불과했던 야오원위안姚文元을 불러 연극 〈하이루이의 파면〉을 루산회의와 결부시켜 비판의 근거로 삼아 베이징 시 당 위원회를 공격하라고 지시했다.

같은 해 6~7월에 걸쳐 베이징에서는 현대 경극대회가 열려 '경극 현대화운동'이 제기되었다. 여기서 장칭은 〈경극 혁명에 대하여〉라는 제목의 강연을 통해 종래의 경극 주인공들은 모두 왕후장상이나 재자가인 아니면 요괴들이라고 공격했다. 그러나 정작 회의를 주도한 것은 실권파들로, 이들은 장칭의 급진적인 개혁 노선을 봉쇄하고자 오히려 거꾸로 회의를 주도적으로 이끌어 나갔다.

9~10월 사이에는 당 중앙 공작회의가 열렸는데, 이 회의에서 1960년대 전반을 통해 잠재되었던 당내의 대립과 갈등이 최고조에 이르렀다. 그러나 이때 마오쩌둥은 소수파였다. 마오는 이 회의에서 우한의 이름을 직접 거명하며 그를 비판할 것을 지시했다. 하지만 펑전 등은 겉으로는 마오의 의

건에 따르는 듯했으나 결국 그의 지시를 묵살했고, 마오의 발언은 신문지 상에도 보도되지 않았다. 마오는 회의석상에서 "베이징에서는 나의 의견이 실현될 수 없다고 느껴진다."라고 발언했을 만큼 심각한 위기의식에 사로잡혀 있었다. 그해 11월, 마오쩌둥은 돌연 베이징을 떠나 공식석상에서 사라졌다.

프롤레타리아 문화대혁명의 서막과
홍위병의 등장

1965년 11월 10일, 야오원위안이 우한의 〈하이루이의 파면〉을 비판하는 글을 〈문회보文匯報〉에 실었다. 물론 야오원위안이 비판한 일차 대상은 우한 개인이 아니었다. 우한은 베이징 시 부시장이자, 베이징 시 시 당위원회와 중국 중앙당 선전부 내에서 큰 영향력을 가진 지식인이었고, 베이징 언론계에서 확고한 기반을 갖고 있었다. 그의 배후에는 베이징 시장이자 베이징 시 당위원장인 펑전과 당 선전부장인 루딩이陸定一 그리고 국가주석 류사오치가 있었다. 야오원위안의 비판의 예봉이 향한 것은 바로 이들 베이징을 중심으로 한 반마오쩌둥 집단이었다. 베이징을 떠나기 전 마오쩌둥은 바로 이들이 자신의 정책 실패를 비판하는 데 중심적인 역할을 하고 있다는 비밀 보고를 받고 분노했다. 마오는 이들에 대항할 수 있는 세력이 당시 군부를 장악하고 있던 린뱌오와 상하이 시 당 위원회밖에 없다고 판단해 상하이로 향했던 것이다. 마오의 충복인 국방부장 린뱌오는 야오원위안의 글을 〈해방군보解放軍報〉에 전재했다. 이제 마오쩌둥을 지지하는 일파와 반대파 사이의 일전은 더 이상 피할 수 없는 엄연한 사실이 되고 있었다.

1966년 3월, 류사오치 부부는 서남아시아 3개국 방문을 위해 중국을 일

✛
마오쩌둥과 린뱌오

시 떠났다. 그사이 정세는 일변해 군내 실권파 리더였던 뤄루이칭羅瑞慶이
해임되었고 베이징은 린뱌오가 지휘하는 군의 통제 아래 놓였다. 3월 22일
린뱌오는 중앙군사위 상임위에 〈린뱌오 동지가 중앙군사위 상임위에 보
내는 편지〉를 보냈는데, 그 주요 내용은 다음과 같다.

16년 동안 문예 전선에는 첨예한 계급투쟁이 존재하여 누가 누구를 이기는가의 문제가 아직도 해결되지 않고 있다. 문예라는 이 진지는 무산 계급이 아직 점령하지 못하고 자산 계급이 확실히 점령하고 있어 투쟁이 불가피하다.

이것은 신중국 수립 이후 반당·반혁명분자들에 의해 점령당한 문예계에 대한 투쟁을 시작하는 선언문이었다. 또 마오쩌둥은 "작은 악귀들을 해방하기 위해 염라대왕을 타도하자."라는 말로 각급 단위에서 간부들이 자신의 상급자를 비판할 것을 호소했다. 4월 16일에는 2월에 열렸던 좌담회의 내용이 〈린뱌오 동지가 장칭 동지에게 위탁해 소집한 부대의 문학, 예술 활동에 관한 좌담회 기요〉라는 제목으로 당내에 보고되었다. 뒤이어 18일에는 〈해방군보〉에 〈마오쩌둥 사상의 위대한 붉은 깃발을 높이 들고 사회주의 문화대혁명에 적극 참가하자〉라는 제목의 사설이 실리면서 처음으로 그때까지의 일련의 과정을 '프롤레타리아 문화대혁명'으로 공식 규정했다.

1966년 5월 4일부터 26일까지 베이징에서는 중앙정치국 확대회의가 소집되었다. 회의는 류사오치가 주재했으며, 장칭과 장춘차오 등 76명이 참석했다. 마오쩌둥은 고의로 이 회의에 불참했는데, 회의 기간 중 캉성을 통해 자신의 명령을 내려보냈다.

5월 7일, 마오쩌둥은 〈린뱌오 동지에게 보내는 서한〉에서 뒤에 문화대혁명의 기본 방침이 되었던 이른바 '5·7 지시'를 내렸는데, 여기서 마오는 인민해방군이 거대한 학교가 되어 군사뿐 아니라 정치를 배우고 생산에 종사하며 '사회주의 교육운동'에 참여해야 한다는 사실을 강조했다. 뒤이어 5월 8일 자 〈해방군보〉에는 가오쥐高炬*의 〈반당·반사회주의 반동 노선을 향해 발포하자〉라는 글이 실렸고, 5월 10일 자 상하이의 〈해방일보〉와 〈문회보〉에 야오원위안의 〈'삼가촌찰기'를 평함─〈연산야화〉와 〈삼가촌찰기〉의 반동 본질〉이라는 글이 발표되는 동시에, 다음 날인 11일 자 〈인민일보〉에도 전재되었다. 쟝칭과 캉성, 장춘챠오는 '5인 문화혁명소조를 해산하라', '중앙선전부와 베이징 시 당 위원회를 해산하라'라는 구호를 제창했고, 국방부장인 린뱌오는 이미 해임된 전 인민해방군 총참모장 뤄루이칭을 '군권을 장악해 반당 행위를 했다'라는 죄목으로 체포했다.

1966년 5월 16일 본 회의에서 〈중국 공산당 중앙위원회 통지〉, 이른바 '5·16 통지'가 채택되어 공포되었다. 이 통지의 초안은 이미 4월 중순에 천보다陳伯達와 캉성이 기초해 마오쩌둥에게 올려 몇 차례 수정을 거친 뒤 4월 24일 정치국 상무위원회 확대회의에서 승인을 받은 것이었다. 5·16 통지로 운동의 대상이 문화적 측면에서 정치 권력적 측면으로, 베이징이라는 한 지역의 일에서 전 국가적인 사안으로 전환되었다.

그러나 마오쩌둥은 당 중앙의 실권파를 제거하는 데 린뱌오가 지휘하는 인민해방군을 동원하는 것만큼은 피하려 했다. 마오쩌둥이 보기에 이 운동은 정부와 당 조직을 넘어서 기층 인민으로부터 출발해야 했다. 가장 먼저 마오의 뜻에 호응한 것은 젊은 학생들이었다. 5월 25일, 캉성의 사주를 받은 베이징 대학 철학과 조교이자 학과 당서기인 녜위안쯔聶元梓 등 7인

---

*햇불을 높이 든다는 의미로 쟝칭의 별명이다.

의 명의로 베이징 대학 총장 루핑陸平과 베이징 대학 당 위원회와 베이징 시 당위를 반당·반사회주의 반동파라고 비판하는 대자보가 학내에 나붙었다. 곧이어 캉성은 칭화 대학 화학과 학생인 콰이다푸蒯大富를 사주해 교수들을 비판하는 대자보를 붙이고, 학생들을 선동해 교수와 지식분자들을 공격하게 했다. 5월 29일에는 칭화 대학 부속중학교에서 최초의 홍위병 조직이 탄생했다. 당시 항저우에 있던 마오쩌둥은 이 대자보를 가리켜 '20세기 60년대 중국에서의 파리 코뮌 선언서'라고 칭송하고 즉시 전국에 알릴 것을 지시했다.

마오쩌둥 역시 외부에서 사태의 진행을 관망할 수만은 없었다. 마오는 5월 이후 당 중앙과 각급 당 조직 지도 간부들이 자신의 과격한 움직임을 저지하려 하는 것을 알고, 그들을 제거시키고자 당 중앙위원회의 개최를 서둘렀다. 오랜 지방 여행을 끝내고 베이징으로 돌아갈 결심을 한 마오는 류사오치에게 회의 개최를 통지하고, 7월 16일에 신해혁명의 단초가 되었던 '우창 봉기'가 일어났던 우한 부근의 양쯔 강에서 1시간 남짓 수영을 했다. 이것은 마오 자신의 건강을 과시함과 동시에 류사오치 일파의 반격으로 일시 곤경에 빠진 조반파를 격려하는 뜻이 담긴 일종의 퍼포먼스였다.

7월 18일, 베이징에 돌아온 마오는 각급 학교에 파견되어 있는 공작반의 철수를 지시했다. 7월 27일에는 홍위병 대표단이 마오에게 공식적인 서한을 보내 자신들의 '반란이 그럴 만한 이유가 있다造反有理'라는 것을 주장했다. 8월 1일, 마오는 이들의 선언에 대해 말했다.

"베이징뿐만 아니라 전국에서 문화대혁명 운동 중에 너희들과 같이 혁명의 태도를 취하는 사람들에게 우리들은 일률적으로 열렬한 지지를 보낸다."

같은 날 제8기 11중 전회가 베이징에서 개 최되었는데, 이 회의는 참석자가 구체적으로 밝혀지지 않았고, 나아 가 대학과 고등학교 교 원 및 학생 대표들도 참석한 매우 이례적인 성격의 대회였다. 회 의 기간 중인 8월 5일,

마오쩌둥 어록을 손에 들고 있는 린뱌오

마오는 갑자기 〈사령부를 포격하라―나의 대자보〉라는 성명을 발표했다. 8월 7일 회의에서 쟝칭은 마오가 말한 '사령부'에 대해 설명하면서, 베이징 에는 두 개의 사령부가 있으니, 하나는 자산 계급을 대표하는 사령부이고 다른 하나는 무산 계급을 대표하는 사령부로, 마오가 포격하고자 한 것은 바로 전자라고 말했다.

11중전회가 끝나기도 전인 8월 8일에는 당 중앙의 〈프롤레타리아 문화 대혁명에 관한 결정〉('16개 조')이 발표되었다. 중요 회의가 끝나기도 전에 이 '16개 조'가 발표되었다는 사실로 조반파의 조급증이 얼마나 심했는가를 엿볼 수 있다. '16개 조'에서는 문화대혁명을 '사회주의 혁명의 신단계'라 규 정하고, 자본주의의 길을 걷는 실권파의 타도가 당면 목표라는 점을 강조 하면서, '투쟁과 비판, 개혁'을 호소했다.

당면한 우리들의 목적은 자본주의의 길을 가고 있는 당권파*와 투쟁하고, 자산 계급의 반동 학술 '권위'를 비판하며, 자산 계급과 모든 착취 계급의 이데올로기를 비판하는 것이다. …… 이번 운동의 중점은 당내의 자본주의의 길을 가고 있는 당권파를 정리하는 것이다. …… 한 큰 무리의 이름 없는 혁명 청소년들이 용감한 선봉장이 되었다. 그들의 혁명의 큰 방향은 시종 정확한 것이다.

주목할 것은 언론과 표현, 결사의 자유를 보장한 15조와 16조로, 특히 16조에서 규정한 자유는 뒤에 중화인민공화국 헌법의 '대민주大民主'의 '4대 자유', 곧 '자유롭게 말할 권리大鳴'와 '자신의 견해를 발표할 수 있는 권리 또는 다른 사람과 단결할 수 있는 권리大放, 大串聯', '대자보를 쓸 수 있는 권리大字報', '논쟁을 할 수 있는 권리大辯論' 등이었다. 이때만 해도 아직까지 냉정을 잃지 않았던 지도자들이 있어 토론이 강요나 힘에 의해서가 아니라 논리에 의해 진행되어야 한다든지, 과학자나 기술자에 대해서는 특별한 주의가 필요하다는 등의 항목이 첨가되었다.

이렇게 규정된 자유들에 의거해 홍위병들은 '자유롭게' 활동하면서 마오쩌둥주의자가 아닌 모든 사람을 비판했고, 때로는 부패 혐의로 고발하여 감옥에 보내거나 실각시켰다. 나아가 이 결정으로 이미 존재하고 있던 학생운동이 노동자나 농민, 병사 집단이 참여하는 전국 규모의 대중운동으

---

*여기서 말하는 '당권파'는 마오쩌둥 일파의 용어로 여기서는 '실권파'로 부른다.

+
홍위병과 함께하고 있는 마오쩌둥과 린뱌오

로 확대되었다. 이를 위해 대자보와 논쟁이 활용되었으며, 여기서 낡은 사상舊思想, 낡은 문화舊文化, 낡은 풍속舊風俗, 낡은 관습舊習慣의 '네 가지 낡은 것四舊'의 척결이라는 목표가 제시되었다. 회의 마지막 날인 12일에는 중앙 영도기구의 개편이 이루어졌는데, 펑전과 뤄루이칭, 루딩이, 양상쿤楊尚昆이 중앙서기처 서기와 후보서기의 직무에서 해직되었다. 그 대신 린뱌오의 공적이 크게 강조되어 중앙정치국 당무위원회 선거에서 린뱌오가 2인 자로 부상하고 류사오치는 여덟 번째로 떨어졌으며, 주석과 부주석의 임명이 없어졌다.

8월 18일, 베이징 중심부의 톈안먼 광장에서는 전국 각지에서 모인 백만인의 '혁명적 대중'에 의한 프롤레타리아 문화대혁명 축하 대회가 열렸다. 《마오 주석 어록》을 손에 들고 붉은 완장을 찬 홍위병들이 전국에서 몰려

✛
《마오 주석 어록》을 일제히 쳐들고 있는 홍위병들

✛
홍위병들의 환호에 손을 흔들어 답례하는 마오쩌둥

들어 "무산계급 문화 대혁명 만세", "마오 주석 만세"를 외쳤다. 마오쩌둥과 린뱌오, 저우언라이 등의 지도자가 모두 나와 홍위병을 맞이했고, 마오는 홍위병 대표에게 홍위병 휘장을 수여했다.

8월 20일 밤 홍위병 시위대는 톈안먼 광장에서 베이징의 번화가인 왕푸징王府井으로 이동해 '광란의 파괴'를 시작했다. 중국의 유서 깊은 전통적인 사적지나 골동품점, 음식점, 고서점 등이 그 대상이었으며, 그들은 거리의 표지와 상점 간판을 멋대로 뜯어내고 거리 이름을 바꾸었다. 왕푸징은 '거밍다루革命大路'로, 외국 대사관들이 밀집해 있던 둥쟈

오민샹東交民巷은 '판디루反帝路'로 바꾸었다. 이어 대학교수나 작가, 예술가, 과학자, 종교인, 민주당파의 인사 등 지식인들을 잡아내 '우귀사신牛鬼蛇神' 이라는 팻말을 목에 걸게 하고 거리와 골목에서 조리돌림을 해 모욕하는 한편, 그들이 소장하고 있던 책과 자료들도 몰수하여 불살라 버리거나 파괴했다.

8월 24일, 저명한 소설가이자 희곡 작가인 라오서老舍가 홍위병의 핍박을 받고 의문의 죽음을 당했다. 8월과 9월에만 베이징에서 1,772명이 살해되었고, 상하이에서는 704명이 자살하고 534명이 살해되었다고 한다. 당 중앙은 일견 그러한 과격성을 억제하려고 노력하는 듯한 태도를 취하기도 했으나, 기본적으로는 방관했다. 9월 5일에는 마오가 모든 홍위병이 베이징을 순례하도록 권장하는 통지문을 발표했다. 이들의 숙박비와 교통비는 모두 정부가 부담한다는 것이었다. 10월에 접어들어서는 밀려드는 홍위병들을 수송할 교통수단이 부족해 도보로 베이징을 향하는 홍위병들이 나타났고, 이들이 묵을 숙소도 태부족일 지경이었다.

10월 1일, 건국 17주년 국경절 축하 대회 때 〈신화사 통신〉은 톈안먼 성루에 오른 사람들의 명단을 열거하며, "마오 주석과 그의 친밀한 전우인 린뱌오 동지, 당과 국가의 주요 책임자 류사오치, 쑹칭링, 둥비우董必武, 저우언라이, 타오주陶鑄, 천보다, 덩샤오핑……" 등을 언급했다. 이때까지 류사오치 등은 아직 형식상 그 지위가 인정되고 있었던 것이다. 그러나 10월 8일부터 25일에 걸쳐 열린 중국 공산당 중앙공작회의에서 류사오치 등은 결정적인 타격을 입었다.

린뱌오는 보고에서 류사오치와 덩샤오핑을 노골적으로 지칭하며 대약

공개비판을 당하는 펑더화이

진운동 이후 마오 주석의 정책을 반대해 온 자산 계급 반동 노선의 대표라고 공격했다. 사세불급의 처지에 놓인 류사오치와 덩샤오핑은 자아비판을 했고, 마오는 이들의 자아비판을 받아들이는 듯한 결론을 내렸으며, 11월 25일에는 홍위병 집회에 이들을 대동하고 나타났다. 그러나 12월이 되자 사태는 급변해 중앙 정부의 류사오치와 덩샤오핑, 베이징 시 당위의 펑전, 완리萬里, 그리고 중앙선전부와 군·당의 루딩이, 뤄루이칭, 양상쿤 등이 홍위병의 대중집회에 끌려 나가 이른바 '투쟁'을 당했다.

조반파와 실권파의 투쟁
그리고 류사오치의 몰락

베이징에서 실권파가 타도되자 이제 당 중앙은 그 여세를 몰아 각 지역에서 투쟁을 벌였다. 그러나 베이징 이외 지역에 온존한 실권파들의 저항도 만만치 않았다. 본래 홍위병은 이른바 '홍5류'*라 하여 성분이 좋은 혁명 간부의 자녀들이 주류를 이루었다. 지역에서는 그런 혁명 간부의 자녀가 많지 않았고, 베이징에서 파견된 홍위병들에 대해 감정이 좋지 않았다. 이들은 별도의 '적위대赤衛隊'를 조직해 베이징의 홍위병과 대치하는가 하면 무력 충돌을 일으켜 유혈 사태가 일어나기도 했다. 특히 상하이의 적위대가 위세를 떨쳤는데, 이들은 외견상 '조반造反'을 하는 듯 보였으나, 실제로는 임시직 노동자의 영구적인 일자리나 체불된 임금에 대한 보상 등 경제적인 문제에 집착했기에, 당 중앙에서는 이들의 행위를 '경제주의'로 규정했다. 사태가 진전되어 갈수록 누가 적이고 누가 타도의 대상인지 모를 혼란상이 연출되었다.

---

*노동자, 빈농, 하층 중농, 혁명 군인과 혁명 중에 희생된 자, 혁명 간부 등의 자녀들을 가리킨다. 이에 반해 구 지주, 구 부농, 자산계급 반동분자, 악질분자, 우파 지식분자 등은 '흑5류'라 하여 이들 자녀들은 진학이나 취업, 결혼, 군 입대, 각종 정치 활동 등에 엄격한 제한을 두었다.

11월 9일, 상하이 노동조합 출신의 왕훙원王洪文이 노동자들을 규합해 '상하이 노동자 혁명 조반 총 사령부'(공총사로 약칭)를 조직하고 상하이 시 당위에 승인을 요청했다. 하지만 시 당위가 이것을 거부하자, 왕훙원은 10일 새벽에 노동자 2천 명을 이끌고 베이징 당 중앙에 가서 상하이 시 당위를 자산계급 반동 노선으로 고소하겠다며 출발했다. 시 당위가 기차를 세우고 해산을 종용하자, 이번에는 노동자들이 모두 나와 철로에 드러누워 철도 교통을 마비시켰다. 이 소식을 접한 장칭이 장춘챠오를 파견해 이들을 혁명 조직으로 승인하고, 왕훙원이 이끄는 공총사는 상하이 시 정부와 적위대를 공격해 이들을 압도했다.

이제 문화대혁명은 홍위병 운동을 중심으로 한 가두 투쟁의 단계에서 마침내 실권파로부터 권력을 빼앗는 '탈권 투쟁'으로 옮겨 가게 되었다. 해가 바뀌어 1967년 1월이 되자 상하이는 시정市政이 마비될 지경에 이르렀다. 급히 상하이를 방문한 장춘챠오는 상하이의 주요 매체를 장악한 뒤 노동자들을 작업장으로 복귀하도록 명령했다(1월 혁명). 곧이어 야오원위안이 그와 합세했는데, 이들은 탈권 투쟁이라는 것이 단순히 관청의 사무실을 점거하거나 관인官印을 확보하는 정도로는 아무것도 할 수 없다고 생각했다. 이에 도시의 질서를 회복하고자 인민해방군을 이용했고, 이들의 지원 아래 현장 복귀를 거부하는 노동자들을 대신해 홍위병들이 작업장에 배치되었다.

그러나 사태는 그리 단순한 것이 아니었다. 학생 군사 조직 가운데에도 노동자와의 연대를 희망하는 이들이 있어 장춘챠오와 야오원위안에 대항했다. 상하이는 2월 초가 되어서야 인민해방군의 대규모 군사 지원에 힘입어 질서를 회복할 수 있었다. 2월 5일에는 상하이 인민공사 임시위원회가 수립되었다. 이것은 중국 내에 공산당과 정부 이외에 또 하나의 새로운 국가 운영 주체가 탄생했다는 것을 의미한다. 상하이의 행정 간부들을 배제하고 인민들이 직접 시정을 관리했다. 쟝칭은 "쟝長이라는 직책은 산산조각이 나야 한다."라고까지 선언했다. 그리고 군대마저도 이념적으로 거부했기 때문에 현실적으로는 행정과 치안의 공백이 생겨 혼란이 확대되었다.

2월 14일부터 16일까지는 저우언라이의 주재하에 베이징의 중난하이中南海에서 탄전린譚震林, 천이陳毅, 예젠잉葉劍英, 리푸춘李富春 등 당 원로들이 모여 '문혁 소조'의 탈권 행위가 지나쳐 당 원로와 당 간부들을 박해하는 행위를 서슴지 않고 있다고 비판하고, 상하이 인민공사의 설립으로 전국이 무정부 상태에 빠져들 것을 우려했다. 아울러 마오에게 문혁 소조의 행위를 중지시킬 것을 요구했으나 마오는 그들의 요구를 일축했고, 린뱌오와 쟝칭, 장춘챠오 등은 노 간부들의 행위를 '2월 역류'로 매도했다.

그러나 사실상 이때 마오쩌둥은 상하이에서 벌어지는 일련의 사태를 지지하던 입장을 바꾸었다. 상하이 식의 코뮌형 권력 기구가 전국으로 파급되면 중화인민공화국의 정치 체제가 크게 흔들리게 될 것이었다. 마오쩌둥은 쟝칭의 말을 되받아 '쟝'들은 계속 필요하며, 문제는 그 내용에 달려있다고 선언하고, 심지어 간부들에게도 지도부가 필요하다는 사실을 재확인시켰다.

2월 말이 되자 마오쩌둥은 장춘챠오에게 상하이 인민공사를 '혁명위원회'로 개조할 것을 지시했다. 이 위원회는 대도시에 있건 농촌에 있건, 또는 대학이나 각급 학교, 신문사 등의 기관에 있건, 대중과 인민해방군 그리고 태도와 행동이 올바른 간부들의 대표로 구성된 '삼결합三結合'의 방식을 추구했다. 이것은 코뮌형 권력 기구를 대신해 제시된 새로운 권력 구상으로, 실제로는 지역 지도부에서 노동자 대표를 상당수 배제하는 효과를 발휘했다. 아울러 더 이상 권력 장악이 실행된 뒤 이것을 합법화하는 일은 없을 것이며, 먼저 당의 승인을 받아야 한다는 사실을 공표했다. 이것은 문화대혁명의 하나의 전환점이었다. 이때가 하나의 전기가 되어 '질서화'의 흐름이 나타났던 것이다.

3월 7일, 〈인민일보〉 사설은 '중·소학교는 수업을 재개하여 혁명을 실행하자'라고 호소했고, 학교로 돌아온 학생들을 훈련하는 임무는 인민해방군에게 맡겨졌다. 이제 인민해방군은 이른바 삼결합에서도 우위에 놓여 새로운 혁명위원회의 절대 다수를 차지했다. 이들은 호전적인 홍위병의 급진적이고 과격한 행동을 지지하는 한편, 인민해방군에 맞서는 투쟁적인 조반파를 무력으로 진압하기도 했다. 혼란은 계속되었고, 무력 투쟁 또한 격렬하게 일어났다.

8월 22일, 일단의 홍위병들이 베이징의 영국 대리대사 공관에 난입해 그 일부를 불 지르는 사건이 일어났다. 비록 중국이 아시아와 아프리카, 라틴 아메리카에서의 제국주의 세력에 대항하는 무장 투쟁을 지원하고 전 세계 제국주의 세력에 대한 반대 투쟁을 강화해 나갔다고는 해도, 이는 하나의 이론적 원칙이었을 뿐 제국주의 세력에 대해 직접적인 행동을 취하는 것을 의미하지는 않았다. 그런 측면에서 볼 때 외국 공관에 방화하는 등의 행동은 국가적 이익에 아무런 이득이 되지 못했다. 실제로 중국 정부는 국제적인 비난에 직면했고 인도네시아 등과는 단교하기도 했다. 1967년 7월에서 9월에 이르는 3개월 남짓한 기간이 문화대혁명 시기 가운데 가장 혼란스러웠다. 급기야 마오쩌둥과 저우언라이를 비롯해 쟝칭과 린뱌오마저 더 이상 사태를 방관할 수 없다는 데 의견을 같이 했다.

이러한 경향은 이미 7월에 나타난 '5·16 병단兵團'에 대한 비판에서 엿보인다. 1966년 말 베이징의 대학과 전문학교 학생들이 조직한 5·16 병단은 점차 비판의 대상을 넓혀 저우언라이 등에까지 이르렀다. 이들에 대한 비판을 시작으로 이른바 '사심과 투쟁하고 수정주의를 비판하라鬪私批修'라는 슬로건이 나왔고, 1968년 1월에는 마오쩌둥이 인민해방군을 파견하여 '삼지양군三支兩軍'* 의 조치를 취하여 전국의 혼란을 어느 정도 안정시켰다. 이제 당내 주자파가 대부분 일소되었기에 마오는 더 이상 홍위병과 조반파의 극좌적 행위가 중국의 앞날에 도움이 되지 않는다고 판단했다. 이에 혁명소조의 부조장인 왕리 등의 극좌파를 해임하고 당 중앙에 조반파의 해산을 종용했다. 이러한 흐름을 제대로 읽어 내지 못했던 혁명적 좌파는 효용 가치를 잃게 되었다. 1967년 말부터 이듬해 2월 사이에 광란의 대열에 앞장섰던 왕리와 관펑關峰 그리고 1967년 4월 1일 〈애국주의냐, 매국주의냐〉라는 논문으로 류사오치 비판에 앞장섰던 치번위戚本禹 등의 이름이 사람들 기억 속에서 사라져 갔다. 이제 프롤레타리아 문화대혁명은 새로운 단계로 접어든 것이다.

이른바 주자파를 일소한 뒤 새롭게 대두한 과제는 새로운 당과 국가 기

---

*좌파와 공업, 농업의 지원(支左, 支工, 支農), 군사 관제와 군사 훈련(軍官, 軍訓)을 의미한다.

현재 류사오치는 복권되어 그의 고향에 동상이 세워져 있다. ⓒ 조관희, 2010

구의 재건이었다. 이를 위해서는 극좌분자들을 제거하고 조직을 재정비해 전국적인 규모의 당을 건설할 필요가 있었다. 1968년 3월에는 공안부장 셰푸즈謝富治와 베이징 극좌파의 마지막 대표자인 녜위안쯔聶元梓, 총참모장 대리인 양청우楊成武 등이 직위를 박탈당하고 체포되는 사건이 있었다. 그 사이에도 각 부문에서 복잡한 투쟁이 이어졌고, 홍위병의 '무장투쟁武鬪' 역시 지속되었다. 그러나 혁명위원회의 성립과 류사오치 일파의 제거로 마오쩌둥이 애당초 의도했던

탈권 투쟁의 목적이 어느 정도 달성되자 이제 홍위병의 격렬한 무장 투쟁은 오히려 걸림돌로 여겨졌다. 각지에서 혁명위원회가 수립되는 것과 거의 동시에 학교나 직장에서는 '마오쩌둥 사상 노동자 선전대'가 파견되어 홍위병들을 해산하려 했다.

급기야 7월 28일, 베이징 홍위병의 근거지라 할 칭화 대학에서 충돌이 일어나 많은 사상자가 발생했고, 결국 조반파가 항복했다. 이튿날 마오쩌

등 등 당 고위간부들이 베이징의 각 대학의 홍위병 지도자 5명을 불러 선언했다.

"이제 홍위병의 임무는 끝났다. 이후에는 노동자계급이 모든 것을 지도하게 된다."

이후 각급 대학과 중학교에는 마오쩌둥 사상 노동자 선전대가 진주해 관리와 지도를 담당했다. 10월에는 문화대혁명 초기인 1966년 5월 7일 마오쩌둥이 문화대혁명의 기본 방침이 되었던 이른바 5·7 지시*를 내렸던 것에서 이름을 딴 '5·7 간부학교'가 개설되어 수많은 간부들이 육체노동을 통해 재교육을 받았다. 12월에는 마오쩌둥이 직접 나서 "지식청년들이 농촌으로 가서 다시 배우자."라고 주장하면서 '상산하향上山下鄕' 운동을 벌였으니, 홍위병들은 하릴없이 하방해 생산대에 투입되었다. 그리하여 1968년 말 홍위병 운동은 막을 내렸다.

이제 남은 것은 류사오치에 대한 마지막 처리 문제였다. 이를 위해 당조직의 재건이 아직 진행 중인데도 1968년 10월 13일에서 31일까지 제8기 중앙위원회 제12기 확대총회('12중전회')가 열렸다. 이것은 철저하게 류사오치에 대한 심판 결과를 보고하기 위한 모임이었다. 회의에는 중앙위원의 경우 본래 96명이었지만 겨우 40명만이 그리고 후보위원은 73명 가운데 19명만이 참석했다. 다시 말해 총 180명 가운데 111명이 주자파로 몰려 숙

---

*앞서 서술한 대로 5·7 지시의 내용 자체가 인민해방군이 거대한 학교가 되어 군사뿐 아니라 정치를 배우고 생산에 종사하며 '사회주의 교육운동'에 참여해야 한다는 사실을 강조한 것이었음을 상기할 것.

+
위대한 탐색자이자 탁월한 지도자였던 류사오치 ⓒ 조관희, 2010

청되었던 것이다. 이 대회에서 류사오치를 당에서 영원히 제명하고 당 내외의 모든 직무를 해제할 것을 결의했다.* 흥미로운 것은 이때 덩샤오핑은 자아비판을 인정받아 공식적인 비난을 받지 않았다는 사실이다.

　마오쩌둥은 회의 마지막 날 연설에서 "문화대혁명은 무산 계급 독재를 위해 자산 계급의 부활을 방지하고 사회주의를 건설하기 위해 반드시 필요한 조치였다."라고 역설하면서, 린뱌오와 장칭의 공적을 칭송했다. 아울러 당을 새롭게 일떠세우기 위해 공산당 제9기 전국대표대회를 이듬해 4월 1일에 소집하기로 결정했다. 마오쩌둥 등이 당의 재건 방침을 세운 것은 임시방편으로 수립한 혁명위원회의 한계를 인식하고 문혁의 급진적인 성격을 포기하겠다는 것을 의미한다. 이것으로 폭풍 노동과 같이 대륙을 휩쓸었던 문화대혁명은 사실상 끝이 났다.

문혁을 탈권 투쟁이라 규정하고 이를 실행한 마오쩌둥과 쟝칭 일파는 '헬리콥터' 식으로 최고 권력의 위치에 부상했으나, 최후에는 어쩔 수 없이 의기양양한 린뱌오 일파의 대두를 용납하지 않을 수 없었다. 또한 무수한 동료를 잃은 실권파(관료와 엘리트층) 및 지식인과 문화인들의 공포와 비분은 말할 것도 없다. 후에 정확히 밝혀진 공식 통계에서는 70여 만 명이 박해를 받았다고 하는데(린뱌오와 4인방 재판 기소장), 그 대개가 이 부분에 해당한다고 볼 수 있다. 대중 특히 청소년의 경우 열광적으로 마오쩌둥을 찬미하고 그에게 이용당했으나 남은 결과는 정치에 대한 불신과 상호 불신, 증오, 공포, 부모나 친구의 죽음에 의한 비탄뿐이었다. 이러한 모든 사람들의 불만과 불신 그리고 불안이 문혁을 종결시키지 못하고, 동란을 5년이 아니라 10년으로까지 끌고 간 정치, 사회, 경제적 요인이었다고 말할 수 있다.**

*류사오치는 끝없는 심문과 고문, 투옥 등으로 병을 얻었으나 제대로 치료도 받지 못한 채 이듬해인 1969년 10월, 카이펑의 감옥에서 71세를 일기로 옥사했다.
**히메다 미츠요시 외, 《중국근현대사》, 일월서각, 1985, 498쪽.

중국을 이해하는 키워드 5

KEYWORD

장 성

외부의 적을 방어하고자 쌓아 올린 장성이 갑각류의 두터운 외피처럼 중국을 감싸 안고 변화를 거부하는 동안 세계사의 흐름은 걷잡을 수 없이 빠른 속도로 흘러갔다. 과연 중국인들이 장성을 쌓아서 지켜 내고자 했던 것은 무엇이었을까? 오늘도 장성은 말없이 그 자리에 서 있을 따름이다.

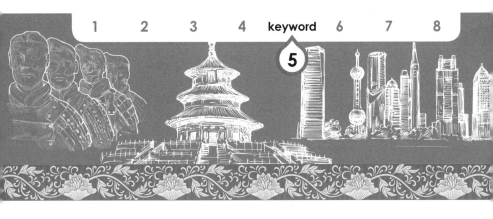

누구를 위한 장성인가?

아우라지 처녀의 애절한 사연이 전해오는 강원도 정선군에는 조선 말과 일
제 시대까지 읍내장, 동면장, 남면장이 열렸다. 동면장은 정선읍에서 35리의
거리에 있고, 남면장은 40리 떨어져 있다. 이들 3개의 장터를 중심으로 형성
된 정선군의 시장권과 통혼권은 기껏해야 100리를 넘지 못했다. 대부분의 사
람들은 100리 밖의 세상을 거의 모른 채 일생을 마쳤다.*

---

*박상표, 〈'로컬푸드' 운동에 대한 의문〉, 《녹색평론》 92호, 2007년 1월 11일, 85쪽.

＋ 쓰촨의 오지 마을로 가는 길 © 조관희, 2004

+
구절양장 고갯길을 내려온 뒤에는 브레이크 과열을 식히기 위해 잠시 휴식 시간을 갖게 마련이다. ⓒ 조관희, 2004

때로 광대한 중국 지도를 볼 때마다 교통과 통신이 발달하지 않았던 과거에는 이 넓은 지역들을 어떻게 통치할 수 있었을까 하는 생각이 들곤 한다. 중국 쓰촨四川의 산간 지역은 첩첩산중으로 둘러싸여 그야말로 하늘이 돈짝만 하게 보일 뿐인 대표적인 오지 마을이다. 모든 길은 높은 산을 굽이굽이 돌아가야 하니, 직선거리로는 얼마 안 되어 보이는 길도 막상 가려면 몇 시간이 걸리기 일쑤다. 그런 지역에 살고 있는 사람들에게 외지 나들이는 평생 한두 번 있을까 말까 한 일대 사건일 수도 있고, 또 만주 벌판이나 위구르 등지의 가도 가도 끝이 없는 대평원은 실감할 수 없는 비현실적인 존재일 것이다.

과연 그런 지역에 살고 있는 사람은 자신이 중국인이라는 사실을 어떻게 받아들이고 있을까? 또 자신이 살고 있는 중국이라는 거대한 땅덩어리에 대한 총체적인 인식은 가능한 것일까? 프란츠 카프카의 단편 〈만리장성〉은 바로 이러한 ''세계의 확장'에 의한 세계상과 사회상의 변용이 어떠한 것인지를 이해할 수 있는 하나의 이미지를 제공'*해 주고 있다.

이 소설 속에 등장하는 고대 중국의 신민은 자신들이 사는 나라의 전체상은 물론, 제도帝都의 소재지도 모른다. 황제의 도시는 광대한 국토에 산재하는 마을로부터 대단히 멀리 떨어져 있으며, 가난한 마을밖에 알지 못하는 사람들로서는 장려한 도시의 모습을 상상조차 할 수 없다. 이 지상의 어딘가에 황제가 살고 있고, 자신들은 그에게 봉사하는 신민이라는 관념만이 이곳 사람들을 사로잡고 있다.

마찬가지로 국토가 대단히 넓은 까닭에 사람들은 그 전체 모습을 알 수 없으며, 그것이 하나의 전체인지도 확실하지 않다. 이렇듯 막연한 나라의 관념에 형식을 부여하기 위해 제국의 '지도부'는 북방에서 침입해 오는 '오랑캐夷賊'라는 관념을 만들어 낸다. '남동부 출신으로 그곳에서는 북방의 야만족으로부터 위협당할 두려움 따위는 조금도 없었던' 이 단편의 화자는 오래된 책을 통해 처음으로 오랑캐의 존재를 알았다고 말한다.

......

---

*와카바야시 미키오, 정선태 옮김, 《지도의 상상력》, 산처럼, 2006, 126쪽.

그렇다면 여기에서 오랑캐의 위협은 다만 텍스트에 묘사된 상으로서 나타나고, 유통되며 사람들에게 공유되고 있었던 것이다. 이곳에서는 상상적인 외부의 이미지가 제국의 내부를 질서화하고 그것에 일체감을 부여하기 위해 동원되고 있다.

더욱이 오랑캐로부터 국토를 방위한다는 이유로, '지도부'는 만리장성 건설을 계획하고, 이를 위해 사람들을 징용한다. …… 우선 공사에 종사하는 노동자들은 약 20명으로 이루어진 반班으로 조직되어 각 반이 약 500미터의 성벽 건설을 담당한다. 이웃한 두 개의 반은 각각 반대쪽에서부터 500미터의 벽을 만들기 시작해서 합계 1,000미터에 이르는 성벽을 쌓아 올린다. 그런데 이렇게 1,000미터의 성벽을 완성한 후, 그들은 그것에 이어지는 새로운 벽을 만드는 것이 아니라, 그곳과는 완전히 다른 땅으로 가서 성을 쌓아야 한다. 이러한 분할 건설 방식을 채용한 결과, 사람들은 징용되어 오는 도중이나 다음 현장으로 이동해 가는 도중에 각지에서 건설 중인 장성을 보게 된다. 장성 건설 작업을 통하여 제국의 존재가 사람들의 눈에 가시화되고, 스스로가 거기에 참가하고 있다는 의식이 형성된다.

……

이 작품 속의 인물들이 알고 있는 것은 그들이 살고 있는 마을과 그 중심에 자리 잡고 있는 제도帝都에 살고 있다는 황제라는 '관념', 만리장성을 건설하면서 알게 된 국토라는 '관념', 장성 건설에 자신이 다른 사람과 함께 참가하고 있다는 '감각'이다. 그리고 바로 이러한 관념이나 감각이 이 소설에서 읽어낼 수 있는 '제국'의 현실성 그 자체이다.*

다소 인용이 장황해지긴 했지만, 어찌 장성뿐이겠는가? 한 나라에 독재자가 살았다. 그 독재자는 자신의 통치를 공고히 하고자 국민들에게 이웃하고 있는 나라의 공격 가능성을 지

+
평화의 댐 ⓒ 조관희, 2002

속적으로 강조했다. 그러던 어느 날 독재자는 이웃나라가 엄청난 규모의 댐을 만든 뒤 그것을 폭파해 자신들의 수도를 수공水攻하려 한다는 소문을 퍼뜨렸다. 국민들은 모두 경악해 패닉 상태에 빠지고 전문가들은 연일 모든 방송 매체에 등장해 공격용 댐의 규모와 위력을 모형을 통해 시뮬레이션해 보이면서 대비책으로 그와 같은 수공에 견딜 수 있는 방어용 댐의 건설을 주장했다. 드디어 온 나라 백성들은 코흘리개 어린이부터 주위 사람의 부축을 받고 나온 노인까지 총화 단결하여 댐 건설을 위한 모금 행렬에 동참했다. 그렇게 해서 만들기로 한 댐은 '평화의 댐'으로 명명되었다. 그로부터 몇 년이 지나자 사람들은 적국의 잠재적인 '수공'의 위험에 무감각해졌고, 또 다른 사회 문제가 대두되자 금방 그리로 관심을 돌렸다. 더 이

---

* 와카바야시 미키오, 앞의 책, 126~127쪽.

상 아무도 신경 쓰지 않는 사이 댐 공사는 슬그머니 중단되었고, 공사 현장에는 생뚱맞게도 공사를 위해 동원되었던 중장비가 녹슬고 있었다.

'장성'이 되었든, '댐'이 되었든, 결국 모든 것은 하나의 관념이거나 이미지에 불과한 것이다. 장성 건설을 위해서는 '오랑캐'가, 댐 건설을 위해서는 적국의 위협이라는 보이지 않는 이미지가 한 사회를 움직이는 힘으로 작용했던 것이다. 거기에 '평화'라고 하는 고귀한 이상이 덧칠되어 있음에랴.

실제로 고대의 거대 제국에서는 제도帝都나 장성, 능묘와 같은 국가적인 거대 건조물의 축조 및 국경 경비를 위한 동원이나 마을에 전달되는 문자로 쓰인 포고布告가 없었다면, 사람들은 자신들 위에 군림하고 있다는 '제국'이라는 것과 접할 기회가 거의 없었을 것이다.*

*와카바야시 미키오, 앞의 책, 129쪽.

15인치 등우량선과 장성

카프카의 소설은 국가나 사회가 하나의 관념이나 이미지를 이용해 그 존재감을 개개인에게 부각시킨다는 것을 만리장성에 대한 이야기를 통해 보여 주고자 했다는 점에서 일종의 알레고리라 할 수 있다. 물론 실제로는 장성이 어떤 상징 조작을 위한 이미지로만 쓰였던 것은 아니다. 잘 알려진 대로 장성은 북방 이민족의 침입이라고 하는 현실에 대응하기 위한 결과물로서 축조되었다.

중국의 역사학자 레이 황은 중국 전체의 연간 평균 강우량 차이에 의해 농경민족과 유목 민족이 나뉜다고 주장했다.* 대개 연간 강수량 15인치(약 400밀리미터)를 경계로 그 이상이면 농경이 가능하지만, 그 이하인 경우에는 초본식물의 생장만이 가능하다. 달리 말하자면, 중국

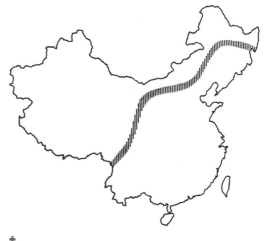

✚ 강수량 400밀리미터, 곧 15인치 등우량선

인들의 전통 관념인 화이華夷 사상은 바로 강수량 400밀리미터를 경계로 문명(華夏, 화하)과 그 주변 지역인 야만(夷賊, 이적)으로 나뉜다는 것을 설파한 것에 불과한지도 모른다.

또 다른 중국의 역사학자 오언 라티모어(Owen Lattimore , 1900~1989)는 이렇게 말했다.

"중원은 농업이 발달하여 인구가 널리 번식했던 반면, 중국 서북 지역의 경우 몇천 킬로미터 안에서는 사람들이 전혀 농업에 종사하지 못했다. 그들은 토지에서 나는 식물에 직접 의지하여 생활할 수 없고, 그들 자신과 식물 사이에 다른 매체를 개입시켜 이용했다."**

표현이 조금 어렵긴 하지만, 결국 사람들이 척박한 땅에 겨우 뿌리를 내린 풀을 뜯어먹고 사는 동물에 의지해 살아갔다는 의미로, 유목 생활을 설명한 것이다. 문제는 이런 식의 유목 생활은 항상 식량 부족이라는 바람직하지 못한 현실을 감수할 수밖에 없었다는 데 있었다.

"특히 기후가 좋지 않을 때 말馬 위의 약탈자들은 자신도 모르게 농경민족을 습격할 생각을 하게 되었다. 농경민족은 보통 반년 동안 먹을 수 있는 식량을 비축해 놓고 있기 때문이었다."***

결국 강수량 400밀리미터의 경계선 안과 바깥쪽에 사는 두 집단은 숙명적으로 사이가 좋을 수 없었고, 둘 사이에는 끊임없는 투쟁의 역사만이 남

*레이 황, 홍광훈·홍순도 옮김,《거시중국사》, 까치, 1997, 52~53쪽.
**레이 황, 위의 책, 53쪽에서 재인용.
***레이 황, 위의 책, 53쪽에서 재인용.

아 있을 따름이었다.

기원전 3세기부터 이미 중원에 대한 유목 민족의 위협은 대단히 위중하고 심각한 상태였다. 이때부터 중원에서는 북방 이민족들의 침입에 대비하기 위해 보루를 쌓기 시작했고, 언젠가부터 이것들을 연결해 하나의 긴 성벽, 곧 장성을 쌓을 필요가 있다는 생각이 대두되었다. 결국 진 시황이 최초로 그 과업을 수행했다는 것은 주지의 사실이므로, 여기서는 더 이상의 언급이 필요 없을 터이다. 중요한 것은 위에서 말한 이유 때문에 장성의 축조는 대개 '15인치 등우량선'과 일치한다는 사실이다.

베이징의 전략적 가치

베이징은 동부 평원의 중심에 위치하여 수로와 육로를 통하여 남쪽의 쟝후이(江淮, 창쟝長江과 후이수이淮水를 통칭하는 말) 지방과 북쪽의 쏭랴오 평원(松遼平原, 쏭화강과 랴오허遼河의 퇴적으로 이루어진 평원, 둥베이 평원東北平原이라고도 한다)에 쉽게 도달할 수 있는 거리에 있었다. 이러한 베이징의 지리적 위치는 중국 동부가 정치, 경제적으로 발전하고 해상 교통이 발달함에 따라 더욱 중요해졌다. 베이징이 원, 명, 청 대를 거쳐 현재까지도 수도의 지위를 잃지 않고 있는 것은 내내 이러한 지리적 위치의 중요성이 전혀 줄어들지 않았기 때문이다.

요와 금을 제외하고 실질적으로 베이징을 수도로 삼은 최초의 왕조인 원나라 시기, 몽골 귀족 바투난巴圖南은 쿠빌라이에게 남하할 것을 권유하면서 베이징의 지세를 다음과 같이 찬양했다.

유옌의 땅은 용이 서리고 호랑이가 웅크린 지세로 그 형세가 자못 웅위롭습니다. 남으로는 쟝후이 지역을 제압하고 북으로는 사막 지역까지 이어져 있으며, 천자는 그 중앙에 거하며 사방으로부터 조공을 받게 될 것입니다.

幽燕之地, 龍蟠虎踞, 形勢雄偉, 南控江淮, 北連朔漠. 且天子必居中以受四方朝覲.

한편 지도를 놓고 보면 베이징은 앞에서 말한 '15인치 등우량선' 바로 밑에 있다. 베이징은 중국의 변방, 이민족의 위협이 코앞에서 벌어지고 있는 일종의 전선 지역에 위치한 것이다. 만약 등고선이 표시된 지도를 놓고 본다면 베이징을 중심으로 북쪽은 옌산 산맥이 파도처럼 굽이쳐 있고, 베이징의 남쪽은 멀리 산둥 성山東省까지 화베이華北 평야가 끝없이 펼쳐져 있는 것을 확인할 수 있다. 곧 북쪽의 이민족들이 베이징의 방어선만 돌파한다면 멀리 창쟝까지 밀고 내려갈 수 있었다. 역사적으로 볼 때, 남북조 시대가 그러했고, 금나라에 밀려 창쟝 이남으로 밀려 내려간 남송이 그러했다. 특히 명 왕조는 영락제 이후 북쪽의 방어를 강화시켜 정권의 안전을 도모하고자 베이징에 정도했다. 곧 역대 왕조가 쉽게 이민족의 침입을 받을 수 있었음에도 굳이 베이징을 수도로 삼은 것은 역으로 전방에 수도를 위치시킴으로써 적에 대한 경계를 늦추지 않고 방어 역량을 강화하기 위함이었다.

이는 명 왕조가 황릉의 터를 베이징 서북쪽에 있는 창핑昌平에 잡은 것으로도 알 수 있다. 명의 황제들은 태조인 주위안장朱元璋과 영락제가 반란을 일으켰을 때 실종되어 생사를 알 수 없는 2대 황제 혜제를 제외하고는 모두 같은 곳에 묻혀 있다. 현재 명 십삼릉十三陵이라고 부르는 곳이 바로 그것인데, 이 일대는 풍수가 아주 좋은 천하 명당이라 일컬어진다. 그런데 십삼릉 바로 옆에는 유명한 바다링八達嶺 장성이 있다. 바다링 장성은 베이징 인근의 장성 가운데서도 요충이라 할 만한 곳에 자리 잡고 있다. 곧 황릉이 변장邊墻(장성)에 가까운 곳에 있었던 까닭은 변방의 방위를 강화하기 위함이었다. 명 왕조가 조상의 무덤을 변경 지역에 둠으로써 무슨 일이 있어도 수도를 사수해야 한다는 생각을 백성들에게 심어 주고자 했던 것이다.

앞서 말한 대로 역대 왕조가 베이징을 수도로 삼은 것이 사통팔달 교통의 편리함 때문이었든, 이민족의 침입을 막아내기 위함이었든, 외적의 침입으로부터 수도를 방어할 수단이 필요했다. 베이징의 경우에는 장성이 바로 수도 방어의 최후의 보루이자, 장벽 노릇을 했다. 그런 까닭에 베이징 인근에는 장성이 많고, 그중에서도 중요한 두 곳이 있다. 그 하나가 현재 관광지로 유명한 바다링이고, 다른 하나는 우리나라 역사에서 사신들이 중국에 조공을 갈 때 넘나들었던 구베이커우古北口다. 청대 고증학으로 유명한 학자인 구옌우顧炎武는 《창핑산수기昌平山水記》에서 다음과 같이 말했다.

당唐 장종莊宗이 유저우幽州를 얻고, 요遼 태조太祖가 산난山南을 얻고, 금金이 요遼의 군대를 깨고 송宋을 치고 옌징燕京을 얻는 데는 모두 구베이커우를 통했으니, 쥐융관居庸關과 산하이관의 사이에서 이들을 제어할 수 있는 곳은 구베이커우와 시펑커우喜峰口 두 관구이다.

장성의 축조

흔히 장성하면 진 시황을 떠올리고, 모든 장성은 진나라 때 완성되었다고 생각하기 쉽지만, 실제로는 그렇지 않다. 사실 최초의 장성 역시 진나라 때 세워진 게 아니다. 진 시황의 역할은 중국을 통일한 뒤 예전부터 있던 장성들을 하나로 연결시킨 것에 지나지 않는지도 모른다. 그 과정에서 새로 건설할 부분은 건설하고, 보완할 곳은 보완했던 것이다. 베이징 근교에 있는 장성 역시 마찬가지다. 진나라 때 장성의 흔적은 전국적으로 몇 군데 남아 있지 않은데, 대부분의 장성은 명대 이후에 새롭게 쌓은 것이라 보면 된다.

명 대 장성 쌓기에 공이 큰 사람은 명초의 개국공신이었던 쉬다(徐達, 1332~1385)와 명 대 중엽에 활약했던 치지광(戚繼光, 1527~1587)이다. 쉬다는 명 태조 주위안장의 명을 받들어 베이징 인근의 쥐융관과 구베이커우, 시펑커우喜峰口 등 32개의 관문을 축조하고 병력을 주둔시켰다. 특히 영락제 이후 베이징으로 천도한 뒤에는 장성 건설이 더욱더 중시되었다.

한편 명나라는 건국 후 백 년도 못 된 1449년, 정통제(正統帝, 재위 1435~1449)가 오이라트 부장 에센也先과 허베이 성에 있는 투무푸土木堡에서 싸우다가 포로가 된 사건이 일어났다. 이 사건은 명나라 역사상 가장 굴욕적인 패배로 기록되는데, 이후로 북방의 몽골 부족들은 틈만 나면 남하하여 베이징을 위협했다. 이에 북방의 이민족들을 방비하고자 명 초부터 시작된 장성 건축은 가일층 박차가 가해져 룽경(隆慶, 목종의 연호, 재위 1567~1572) 연간에 최고조에 달했다.

룽경 원년(1567), 황제들의 능침이 집중되어 있는 현재의 십삼릉 지역의 방비를 두텁게 하고자 저장 일대에서 왜구 격퇴에 큰 공을 세운 바 있는 치지광이 지전총독薊鎭總督으로 임명되었다. 이것은 명 장성 건설의 일대 전기가 마련되는 사건이었다. 치지광은 1568년 부임하자마자 장성 일대를 시찰하고 나서 기존의 장성이 그리 높지도 않거니와 무너지고 훼손된 곳이 많아 방어 기능을 다할 수 없다는 사실을 깨달았다. 이에 지전 관할하에 있는 산하이관에서 쥐융관까지 600여 킬로미터에 달하는 장성의 중개축에 착수했다. 장성의 폭도 넓히고 높이도 올렸을 뿐 아니라 요충지에는 옹성을 만들었으며, 전 구간에 1,300여 개의 망루를 세워 군대가 주둔할 수 있도록 했다. 치지광이 재임한 16년간 베이징 인근의 장성은 면모를 일신하게 되었고, 그의 사후에도 장성은 계속 수축되어 1600년경에는 장성 건축이 일단락되었다.

이로써 장성은 동쪽 기점인 산하이관에서 시작해 시펑커우와 황야관黃崖關, 쓰마타이司馬臺, 진산링金山嶺 일대를 거친 뒤, 다시 서남쪽 무톈위慕田峪로 방향을 틀어 바다링까지 이르렀다. 이로써 수도 베이징을 지키기 위한 방어선이 견고하게 구축되었다. 명 대 장성은 쉬다부터 치지광까지 약 200여 년에 걸쳐 총 14차례에 이르는 대역사를 통해 완성되었다. 이것으로 사실상 장성 건축의 역사에서 가장 공을 들인 것은 명 대였다는 사실을

알 수 있다.

　명 대에 쌓은 장성의 높이는 대략 3미터 내지 8미터이다. 폭은 지형에 따라 다른데, 넓은 곳은 약 열 사람이 나란히 걷고 말을 타고 달릴 수 있을 정도다. 장성은 건축 재료에 따라 돌로 쌓은 석성石城과 벽돌로 쌓은 전성磚城, 황토로 다져 만든 항토성夯土城 등 몇 가지로 나뉜다. 항토성은 양쪽에 판을 대고 그 사이에 흙을 넣어 다지기를 반복하는 판축板築이라는 방법을 사용해 만드는 것으로, 주로 황토가 많은 산시 성山西省이나 산시 성陝西省

✚
산시 성陝西省에 있는 전베이타이鎮北臺 © 조관희, 2005

등지에서 많이 사용된 방법이다. 이에 비해 베이징 인근의 장성은 주로 벽돌로 쌓은 전성磚城이 많다.

명 대 장성의 축조에 가장 공이 크다고 할 수 있는 치지광은 축성의 원칙에 대해 다음과 같이 말했다.

> 지형에 따르며, 험한 곳을 이용하여 장성을 짓는다.
>
> 因地形, 用險制塞

그래서 장성은 주로 능선을 타고 이어져 있으며, 까마득한 절벽이나 협

곡 등 천혜의 자연 지리를 최대한 이용해 건설되었다. 이에 장성은 그 자체로 아름다울 뿐 아니라 주변의 자연 풍광과 절묘하게 어우러져 장성마다 나름의 풍격을 갖추고 있다.

장성이 사라지고 있다

　그런 장성이 최근 몸살을 앓고 있다. 유네스코와 같은 단체가 지정하든 하지 않든, 장성은 그것과 상관없이 소중한 인류 문화유산이다. 장성에 너무 많은 사람들이 몰려들면 훼손되는 일이 발생할 수도 있으며, 이미 많은 장성들이 사람들로 홍역을 치르고 있다. 장성은 그 지역이 매우 넓기 때문에 일일이 정부가 나서서 보호하기도 어렵다. 또 자연과 어우러져 있기 때문에 해당 지역 주민들은 문화유산이라는 생각보다는 그저 돌이나 벽돌로 쌓은 담장이라고 대수롭지 않게 여기는 경향이 있다. 장성의 훼손은 현대에 들어서 더 급속도로 진행되었다. 군벌들이 중국 전역에서 군웅할거 식으로 자기 나름의 영역을 갖고 있던 시절에는 군인들이 별장을 짓고자 장성의 벽돌을 채취해 갔다고 한다. 최근에는 장성의 훼손이 더 기승을 부리고 있어 심각한 대책 마련이 필요한 실정이다.

　중국장성학회의 비서실장을 맡고 있는 둥야오후이董耀會*는 "생태환경의 악화에 대한 문제의 심각함이 드러나면서 그동안 많은 문화유산들이 훼손됐고, 특히 세계적으로도 유명한 국보 1호인 만리장성이 사라질 위기에 처했다."라고 전제하며, 현재도 "곳곳에서는 장성이 파손되고 있고, 주민들이 아무 생각 없이 무너뜨리고 있다."라고 했다.

　실제로 벌어지고 있는 장성 훼손의 실례를 들어 보면 어안이 벙벙해질

+ 무너진 진산링 장성의 모습 ⓒ 조관희, 2005

정도이다. 2001년 산시 성山西省 인근 마을에서는 벽돌공장과 기와공장을 합병하고자 공장 중간을 가로지르던 60미터나 되는 장성을 마구잡이로 없앤 일이 있었다. 놀라운 것은 이후 문화재보호관리국에 적발되어 문화유

---

* 중국에서 장성 전문가로 유명한 둥야오후이는 특이한 이력을 갖고 있다. 1957년 1월 5일 생인 그는 허베이 성 출신인데, 1984년 5월 4일부터 1985년 9월 24일까지 508일 동안 우더위吳德玉, 장위안화張元華와 함께 장성의 기점인 산하이관에서 출발해, 종점인 쟈위관嘉峪關까지 답파했다. 이것은 장성의 전 구간을 도보로 완주한 최초의 기록으로, 구간 안의 장성을 걸으면서 수많은 산과 계곡을 넘고 사막을 횡단했으며 바람을 반찬 삼고 이슬을 이불 삼아가며風餐露宿 이룬 장거라 할 만하다. 이후 그는 장성 연구와 집필을 필생의 업으로 삼아 오늘날까지 수많은 전문 저작과 논문을 쏟아낸 바 있다.

✛
진산링 장성 © 조관희, 2005

산 훼손 명목으로 벌금을 물었는데, 벌금이 고작 200위안(한화 32,000원)이었
다는 사실이다. 또 네이멍구 바오터우包頭에서는 고속도로를 넓히는 과정
에서 길을 막고 있는 장성 때문에 도로를 포장할 수 없게 되자, 장성을 완
전히 없애 버린 일도 있었다. 이 역시 벌금 8만 위안(한화 1,280만 원)으로 마무
리되었다. *

―――

*박정호, '만리장성이 무너지고 있다', 〈오마이뉴스〉, 2002년 7월 29일 자 참고.

최근 중국장성학회의 보고서에 의하면, 그나마 남아 있는 장성도 약 40퍼센트(2,500킬로미터) 정도만 보존 상태가 양호할 뿐 나머지 60퍼센트(3,800킬로미터)는 자연적인 풍화나 무분별한 개발에 의해 훼손되고 파괴돼 조금씩 사라져 가고 있다고 한다. 구체적으로 자연적인 풍화에 의해 훼손된 곳은 자연 붕괴 165곳, 홍수에 의한 붕괴 13곳, 모래에 매몰된 곳 16곳, 지진과 풍화 작용에 의한 붕괴 3곳 등 모두 197곳이다. 세월의 흐름 속에 자연의 풍화 작용으로 사라지는 것이야 어쩔 수 없다지만, 더 심각한 것은 사람들의 손에 의해 인위적으로 훼손되는 일이다. 성벽의 벽돌을 빼간 곳이 140곳, 성벽을 허물고 농사를 짓는 곳이 6곳, 성벽을 주택과 축사 울타리나 무덤으로 사용함으로써 훼손한 곳이 4곳, 그 밖에도 목적이 불분명하게 훼손된 곳이 3곳이다. 여기에 장성의 벽돌로 집을 지으면 복과 행운이 온다는 잘못된 믿음도 장성의 훼손을 부추기는 요인으로 작용했다.

문제의 심각성은 장성의 보호에 앞장서야 할 정부에 의한 훼손도 만만치 않다는 것이다. 정부에 의한 훼손은 주로 공공사업이나 건설 때문인데, 댐 건설로 수몰된 곳이 12곳, 도로공사에 의해 훼손된 곳이 17곳, 건축시공을 위한 훼손 3곳 등 모두 32곳에 이른다. 이 밖에도 특정 기업에 의한 훼손이 4곳, 대약진운동, 문화대혁명 시기 파손된 게 11곳, 중일전쟁 등 전쟁에 의한 파괴가 9곳이었다.

경제 개발이라는 이름으로 전 중국이 건설 현장이 되고 있는 요즘 추세라면 앞으로 또 얼마나 많은 훼손이 이루어질지 가늠조차 할 수 없을 정도다. 결과적으로 현재 남아 있는 장성의 성벽이 그나마 완전하게 보전된 것은 4천 리 정도로 전체의 1/3이다. 나머지 1/3은 심하게 훼손 또는 붕괴되어 폐허가 되었고, 1/3은 이미 완전히 사라졌다고 한다. 이제는 중국인들이 장성을 이야기할 때마다 하는 말을 바꿔야 하지 않을까?*

장성을 사랑하지 않으면 대장부가 아니다.

不愛長城非好漢.

* 김대오, '만리장성이 사라지고 있다', 〈오마이뉴스〉, 2005년 2월 15일 자 참고.

장성과 개혁 개방

뼈대가 몸 안에 있는 것이 나을까, 거죽에 있는 것이 나을까?

뼈대가 몸 거죽에 있으면 외부의 위험을 막는 껍질의 형태를 띤다. 살은 외부의 위험으로부터 보호를 받으면서 물렁물렁해지고 거의 액체 상태에 가까워진다. 그래서 그 껍데기를 뚫고 어떤 뾰족한 것이 들어오게 되면, 그 피해가 돌이킬 수 없을 만큼 치명적이다.

뼈대가 몸 안에 있으면 가늘고 단단한 막대 모양을 띤다. 꿈틀거리는 살이 밖의 모든 위험에 노출되어 있다. 상처가 수없이 많이 생기고 그칠 날이 없다. 그러나 바로 밖으로 드러난 이 약점이 근육을 단단하게 만들고 섬유의 저항력을 키워 준다. 살이 진화하는 것이다.

내가 만난 사람들 가운데는 출중한 지력으로 〈지적인〉 갑각을 만들어 뒤집어쓰고 다른 생각을 가진 사람들의 공격으로부터 자기를 지키는 사람들이 있었다. 그들은 보통 사람들보다 훨씬 견고해 보였다. 그들은 〈웃기고 있네〉라고 말하면서 모든 것을 비웃었다. 그러나 어떤 상반된 견해가 그들의 단단한 껍질을 비집고 들어갔을 때, 그 타격은 이루 말할 수 없었다. 또 내가 만난 사람들 가운데는 아주 사소한 이견, 아주 사소한 부조화에도 고통을 받는 사람들이 있었다. 그러나 그들의 정신은 열려 있었기 때문에 그들은 모든 것에 민감했고 어떠한 공격에서도 배우는 바가 있었다.*

진 시황은 진나라를 멸망시키는 것은 '오랑캐'라는 말을 믿고 만리장성을 쌓았다. 하지만 정작 진나라를 멸망시킨 것은 북방의 오랑캐가 아니라, 그의 아들 후하이胡亥였다. 명나라는 200년 동안 장성 건설에 힘을 쏟아 끝내 완성시켰다. 하지만 정작 명이 막아 내고자 했던 만주족이 장성에 들어오기도 전에 내부의 손에 의해 산하이관 문이 열렸다. 아무리 견고하게 쌓은 장성도 명의 멸망을 막아내지 못했던 것이다.

그래서일까? 중국의 대문호인 루쉰(魯迅, 1881~1936)은 장성에 대한 자신의 심사를 다음과 같이 토로하기도 했다.

위대한 장성이여!

지도에는 조그맣게 그려져 있으나 조금이라도 지식 있는 사람이라면 누구나 만리장성을 알고 있을 것이다.

그런데 사실 많은 인부들이 이 장성 때문에 고역에 시달리다 죽기만 했지, 장성 덕분에 오랑캐를 물리쳐 본 적은 없다. 오늘날 장성은 고적으로 남아 있다. 당분간은 없어지지 않을 것이며, 보존될 것이다.

나는 언제나 장성이 내 주위를 에워싸고 있는 것처럼 느껴진다. 이 장성은 예부터 있던 벽돌과 새로 보수한 돌로 되어 있다. 이 둘이 합쳐 하나의 성벽을 이루며 사람들을 포위하고 있다.

언제쯤 장성에 새 벽돌을 더 보태지 않아도 될까?

위대하고도 저주스런 장성이여!**

초기에 대외적으로 활발히 진출했던 명 왕조는 정허(鄭和, 1371~1435?)**

의 해상 활동을 끝으로 밖으로 향한 문호를 닫고 철저하게 쇄국의 길을 걸었다. 정허의 원정은 모두 일곱 차례에 걸쳐 이루어졌다. 그때마다 대규모 선단을 조직했는데, 1405년 첫 번째 항해는 64척의 큰 배와 225척의 작은 배에 2만 7,800명이 동원되었다. 가장 큰 배는 길이가 134미터에 폭은 56.7미터였는데, 이것은 현재의 8천 톤급 배에 해당한다. 정허의 제1차 항해가 있은 지 90여 년 후에 바스코 다 가마(Vasco da Gama, 1469~1524)가 희망봉을 돌아 인도 항로를 발견했는데, 그때의 기함이 겨우 120톤에 불과했다는 사실을 감안한다면 정허가 거느렸던 함대가 얼마나 거대하였는지 짐작할 수 있다.

하지만 더욱 놀라운 것은 정허 이후에는 이와 같이 대규모의 선단을 조직해 해외로 진출한 일이 전혀 없었다는 점이다. 정허의 사후 선원들은 뿔뿔이 흩어졌고, 선박들은 아무렇게나 방치되어 썩어 갔으며, 항해도는 병부상서 류다샤劉大夏에 의해 불태워졌다. 이 대목에서 현대 중국인들은 긴

---

* 베르나르 베르베르, 이세욱 옮김, 《개미 1》, 열린책들, 1993, 305쪽.
** 루쉰, 이욱연 옮김, 《아침 꽃을 저녁에 줍다》, 도서출판 창, 1991, 45쪽.
*** 윈난성쿤양昆陽 출생으로, 명나라 때 남해 원정의 총지휘관이다. 본성은 마馬씨이고, 법명은 푸산福善이며, 삼보태감三保太監이라 불린다. 1382년, 윈난이 명나라에 정복되자 명나라 군대에 체포되어 연왕燕王 주디朱棣를 섬겼다. 1399~1402년에 일어난 정난靖難의 변 때 연왕을 따라 무공을 세웠고, 연왕이 건문제建文帝의 뒤를 이어 영락제永樂帝로 즉위한 뒤 환관의 장관인 태감太監에 발탁되었으며, 정鄭씨 성을 하사 받았다. 1405~1433년까지 영락제의 명을 받아 전후 7회에 걸쳐 대선단大船團을 지휘하여 동남아시아에서 서남아시아에 이르는 30여 국을 원정하여 명나라의 국위를 선양하고 무역상의 실리를 획득하였다. 제1차 원정 때에는 대선 64척에 장병 2만 7,800여 명이 분승하였고, 제7차 원정 때에는 2만 7,550명이 참가하는 큰 규모의 원정대였다. 이 원정으로 중국인의 남해에 대한 인식을 새롭게 하였으며, 동남아시아 각지에 있는 화교華僑들의 발전에도 크게 기여하였다. 정허가 지휘한 명나라 세력이 인도양에 진출한 것은 바스코 다 가마의 인도양 도달보다 80~90년이나 앞섰다.

한숨과 함께 통분의 감정을 숨기지 않는다. 그것은 당대 세계 최강의 전력을 앞세워 세계를 제패할 수 있었던 기회를 물리치고 마침 완성된 장성 안에 스스로를 가두고는 세계사 뒷전으로 물러나 앉았기 때문이다. 이후 중국은 19세기까지 이렇다 할 해군력을 키운 적이 없었다. 19세기 말에 외국에서 도입한 장갑함마저 얼마 되지 않아 청일전쟁(1895) 당시 일본 해군에 의해 격침되거나 나포되고 말았다.

하지만 냉정한 시각으로 보면, 당시 정허의 원정은 세를 과시하는 측면에서는 긍정할 만한 점이 없지 않았으나, 실제로 원정의 효과가 어떤 현실적인 이익으로 돌아온 점이 없었다는 점에서는 허장성세에 불과했다는 지적도 있다. 그에 상응하는 대가가 없는 대원정은 국가 재정에 큰 부담으로 남았으며, 병부상서 류다샤가 항해도를 불태운 것도 방만한 국가 재정을 긴축하기 위한 것이었다. 이처럼 역사적 사실은 참과 거짓으로만 나눌 수 없는 상대적이고 양면적인 관점이 항상 존재한다는 사실을 잊어서는 안 될 것이다.

1980년대 말 중국에서는 개혁과 개방이라는 화두가 초미의 관심사로 떠오르면서 TV 프로그램 〈황하의 죽음河殤〉이 사회적으로 큰 파장을 일으켰던 적이 있다. 이 프로그램은 중국의 근대사가 정체되고 서구 열강의 침입을 받게 된 데는 장성으로 상징되는 쇄국정책이 크게 작용했다는 주장을 담고 있었다. 그러면서 지금 중국이 못사는 이유가 개혁 개방을 등한히 했던 조상들의 쇄국정책에 있으므로, 이제는 과감하게 개혁 개방과 민주화를 진행해야 한다고 주장했다. 쇄국정책으로 인해 중국은 서양의 새로운 근대 과학 문명을 받아들이지 못했고, 급기야 서구 열강의 침략을 받아 고

✛
장성 서쪽 끝에 위치한 자위관 © 조관희, 2002

통스러운 100여 년의 시간을 보내게 되었다는 것이다. 외부의 적을 방어하고자 쌓아 올린 장성이 갑각류의 두터운 외피처럼 중국을 감싸 안고 변화를 거부하는 동안 세계사의 흐름은 걷잡을 수 없이 빠른 속도로 흘러갔다. 과연 중국인들이 장성을 쌓아서 지켜 내고자 했던 것은 무엇이었을까? 오늘도 장성은 말없이 그 자리에 서 있을 따름이다.

중국을 이해하는 키워드 6

베 이 징

베이징은 중화 세계의 중심으로 만들고자 하는 의도에 의해 설계되고 건설되었다. 천하에 존재하는 모든 사물을 담아내고 있는 베이징은 세계의 축도이자 중심이 되며, 그 안에 거주하는 천자 역시 그에 걸맞은 권위와 위세를 부여받게 된다. 베이징은 세계의 모든 것이 존재하는 일종의 '세계 지도 (Mappa Mundi)'인 것이다.

하늘 아래 유일한 수도

　베이징은 원나라 이후 지금까지 중국의 수도이다. 그런 의미에서 베이징은 중국이라는 나라와 그 관념체인 중화주의의 흥망을 같이 해 온 중국의 일부이자 전체라 할 수 있다. 베이징은 춘추전국 시대 처음 역사에 등장한 뒤 북방 민족의 나라인 요와 금의 제2의 수도가 되었다. 그 이후 왕조의 흥망과 더불어 수도 베이징의 모습이 갖추어졌다. 종축선을 중심으로 좌우대칭으로 도로와 도시 구획을 설정한 이상적인 도시 형태는《주례周禮》에 의거한 것이었다.

　베이징의 중심부에는 구궁故宮이 있고, 중국의 전통적인 도성 건축의 원리 가운데 하나인 좌묘우사左廟右社의 원칙에 따라 구궁의 오른쪽에는 토지

신과 오곡 신에게 제사 드리는 사직단社稷壇이 있다. 사직단에는 다섯 가지 색깔의 흙이 뿌려져 있으니, 여기에서 오색은 청(동), 백(서), 적(남), 흑(북)과 황(중앙)을 상징하며, 산지사방의 흙이 모두 이곳에 있다는 것을 의미한다.

하늘 아래 모든 것은 왕의 땅이 아닌 게 없다.

普天之下, 莫非王土.

하늘 아래 모든 것은 하나의 세계이며, 그 세계를 다스리는 것은 오직 한 사람, 곧 '하늘의 아들天子'이다. 그는 하늘의 명天命을 타고나 하늘의 뜻을 대신하는 유일한 사람이므로, 모든 사람들은 그의 뜻에 따라야 한다. 그리고 이 세상에는 오직 한 나라만 존재하니, 그것이 곧 중국이다. 중국을 제외한 모든 이민족이나 다른 나라들은 모두 인간 이하의 존재인 오랑캐들일 뿐이다.

언어학 이론 가운데 유표성有標性 이론Markedness Theory이 있다. 이것은 원

래 소수파를 다수파와 구별해 소수파에 별도의 표지, 또는 딱지Markedness를 붙여 구별해 부르려는 속성을 가리키는 말이다. 이를테면 근대 초기에 세워진 교육기관들은 남자를 대상으로 한 것이 대부분이었다. 당시에는 학교에 다니는 여자가 드물었을 뿐 아니라 여자들이 다니는 학교는 더욱 찾아보기 어려웠다. 그래서 고등학교라고 하면 당연하게도 남자가 다니는 고등학교를 지칭하는 것으로 받아들여졌고, 나중에 여자들이 다니는 고등학교가 생기자 이것을 남자들이 다니는 고등학교와 구별하기 위해 '여자고등학교'라는 말로 구별했다. 곧 다수파인 남자고등학교는 달리 딱지를 붙이지 않고 'ㅇㅇ고등학교'라고 부르지만(무표성), 여자고등학교는 'ㅇㅇ여자

고등학교'라는 식으로 '여자'라는 딱지를 굳이 붙여(유표성) 구별한다. 비슷한 예로 남자 왕은 그냥 왕이라 부르지만, 여자가 왕이 되면 여왕이 되는 것도 같은 이치다.

유표성 이론은 이런 식의 어휘 구분에 그치지 않고 다양한 사회 현상에도 그대로 적용되는 경우가 많다. 이를테면 흔히 성적 소수자로 표현되는 동성애자의 경우가 대표적인데, 다수를 차지하는 이성애자가 딱지를 붙이지 않는 무표항이라면, 소수에 속하는 동성애자는 딱지를 붙여 이성애자와 구분하는 유표항이 된다. 영어로 "나는 동성애자가 아니다."라는 표현은 "I am not a gay."보다 "I am straight."가 더 많이 쓰인다. 이 말에는 이성애자는 '삐뚤어지지 않고 똑바른 것'이고, 동성애자는 반대로 '똑바르지 않고 정상적인 궤도에서 벗어난 존재'라는 뜻이 담겨 있다. 말인즉 다수를 이루는 이성애자는 정상이고, 소수인 동성애자는 비정상이라는 것이다. 이 정도가 되면, 유표성 이론은 단순히 소수파와 다수파를 구분하는 차원을 벗어나 다수파에 속하는 어느 일방이 소수파에 속하는 다른 일방을 핍박하고 부당하게 대우하는 근거가 된다.

이러한 유표성 이론을 빌어 앞서 말한 중국인의 내면에 자리 잡은 생각을 들여다보면, '하늘 아래天下' 모든 것은 결국 하나의 존재로 귀속되니 굳이 구분 지을 필요가 없게 된다. 다만 그 '하늘 아래'에 있지 아니한 것은 사실상 존재하지 않는 것과 다를 바 없으므로 '오랑캐'라는 딱지를 붙여 구분한다. 이렇듯 안과 밖을 구분해 안에 속하는 것은 '중화中華'라 부르고, 그 이외의 것은 '오랑캐夷'라는 딱지를 붙여 안중에도 두지 않는 것을 중국인들은 '화이華夷' 관념이라 부른다. 보통 사람들의 일상적 차원에서는 이것을 '문구門口 관념'이라고도 부르는데, 문의 안과 밖을 구분하고 자기 문안에 들어온 것은 끔찍하게 여기면서, 문밖에 있는 것은 치지도외置之度外하는 이중적인 태도를 가리킨다. 화이 관념이든 문구 관념이든, 이러한 중국인의 생각이야말로 세계의 모든 것을 하나의 '하늘 아래天下' 통섭하려는 중국인들의 '천하관'을 여실히 보여 주는 것이라 할 수 있다.

1792년 9월, 영국 정부의 전권대사 매카트니가 이끄는 사절단이 영국 런던을 떠나 꼬박 1년 뒤인 1793년에 당시 청나라 황제인 건륭제(1711~1799)가 머물고 있던 러허에 도착했다. 서로 간에 상이한 외교적 프로토콜을 둘러싼 약간의 소동을 겪은 뒤(청의 조정에서는 황제에 대해 아홉 번 머리를 조아릴 것을 요구했으나 매카트니는 그렇게 할 수 없다고 완강하게 버텼다), 매카트니는 건륭 황제를 대면하게 된다. 황제는 성대한 연회를 베풀어 먼 곳에서 온 손님들을 환대했다. 연회가 열린 완수위안萬樹園은 호수와 산기슭 사이에 펼쳐진 24만 평 넓이의 광대한 벌판이다. 이곳에서 대규모의 가무단이 노래와 춤을 추는 가운데 횃불을 환하게 밝히고 연회가 시작되었다.

매카트니는 이 자리를 빌려 자신이 중국에 온 목적이라 할 여러 가지 외교적 제안을 했다. 그것은 곧 영국의 사신을 베이징에 상주하게 해 줄 것과 세 항구를 무역항으로 개방할 것, 일부 토지를 영국인들의 거주지로 내주고, 영국 화물에 대해 감세 혜택을 줄 것 등이었다. 당시 황제 자리에 오른 지 이미 58년이 되어 가는 83세의 늙은 건륭제는 영국 국왕에게 보내는 칙서를 통해 이 모든 요구들을 일언지하에 거절했다.

우리는 결코 이상한 물건에 가치를 둔 적이 없을 뿐 아니라 너희 나라의 물건

이탈리아 화가 카스틸리오네가 그린 〈완수위안 사연도萬壽園賜宴圖〉

이 조금도 필요치 않다. 그러니 왕이여, 수도에 사람을 상주할 수 있게 해 달라는 너의 요청은 천조天朝의 법률에 맞지 않을뿐더러 나라에도 득이 되지 못할 것이다.*

건륭은 총 재위 기간이 60년(1735~1795)에 이르는, 세계 역사에서도 보기 드물게 장기 집권을 한 황제였다. 그가 황제 자리에서 물러나 태상황제가

---

*조너선 D. 스펜스, 김희교 옮김, 《현대 중국을 찾아서 1》, 이산, 1998, 158쪽.

된 것도 조부인 강희제康熙帝의 재위 기간인 61년(1661~1722)을 넘는 것을 꺼렸기 때문으로, 이 태상황제의 3년을 합하면 중국 역대 황제 중 재위 기간이 가장 길다. 건륭제는 단순히 재위 기간이 길었을 뿐 아니라 강희제 이래 가장 강력한 치세를 이룬 영명한 군주였다. 그는 내치만 잘했던 게 아니라 열 차례에 걸친 대외 원정을 모두 성공적으로 이끌어 자신이 세운 무공을 '십전무공十全武功'이라 일컫고, 스스로를 십전무공을 이룬 거인이라는 뜻에서 '십전노인十全老人'이라 불렀다. 건륭이 보기에 매카트니의 제안은 한낱 변방의 오랑캐가 와서 무언가를 당당하게 요구한 것으로, 실로 어이없는 만용에 가까운 행위였던 것이다. 결국 매카트니는 아무것도 손에 넣지 못하고 빈손으로 귀국 길에 올라야만 했다.

'천명을 대신한 왕조天朝'는 아무 것도 아쉬울 게 없는, 모든 것이 구비되어 있는 자기 충족적인 세계였다. 그렇기에 외부 세계와 굳이 대등한 위치에서 무역 관계를 맺을 필요가 없다는 건륭제의 말은 곧 그때까지 중국이 견지해 온 중화적인 세계관을 웅변적으로 보여 주고 있다. 우리는 지금 중국이라는 말을 당연하게 나라의 이름으로 생각하지만, 실제로 중국이라는 말이 하나의 국가를 대표하는 고유명사로 쓰인 것은 그리 오래된 일이 아니다. 1911년에 일어난 신해혁명으로 봉건 왕조인 청이 멸망하고 새롭게 중화민국이 세워진 뒤에야 중국은 미국, 일본, 한국과 같이 보통의 국명이 되었던 것이다. 이전에는 청이나 명, 원, 송 등과 같은 왕조의 이름이 정식 국명이었으며, 각각의 왕조 당대에는 아예 그런 식의 국명조차 필요하지 않았다. 단순히 '천하'라는 말로 자신들이 살고 있는 세계를 지칭하면 그뿐이었다. 베이징 역시 명실공히 하늘 아래 유일한 수도天下之都로서, 천하의 중심이고 세계의 수도였다.

그러다 아편전쟁(1840) 이후 중국이 서구 열강의 침략에 파죽지세로 밀리면서 철저하게 유린당하자, 이 세계에 자신밖에 없다는 중화적 세계관은 심각한 도전에 직면하게 되었다. 이에 하늘 아래 유일무이한 존재임을 표방했던 '천하'라는 명칭은 빛을 잃고, 세계에 존재하는 여러 나라들 가운데 한 국가로서 인정받고 현상을 유지하기에도 급급한 처지로까지 내몰리게 된다. 혹자는 이렇듯 중화사상으로 대표되는 자기중심적인, 자기 규정적인 즉자적 인식으로부터 상대를 인정하는 대자적 인식으로 넘어간 것이야말로 중국에서 근대가 시작되었다고 주장하기도 했다.

중국의 근대사는 한마디로 이러한 중화주의가 민족국가들에 의하여 계속 도전을 받으며 그 환상이 깨어짐과 동시에 강력한 민족국가의 하나로 탈바꿈해 가는 과정이었다. *

흔히 역사는 돌고 도는 것이라 말한다. 근대의 시작과 함께 중국은 중화라고 하는 자기중심적 세계관을 버릴 것을 강요당하고, 한낱 종이호랑이를 넘어서 동네북으로 전락해 갖은 수모를 겪는다. 하지만 그로부터 100년 뒤, 상황은 다시 일변해 우리는 또 다른 중국의 변신을 목도하게 된다. 그것은 새롭게 세계의 중심으로 떠오르고 있는 중국의 부상이다. 새롭게 맞

---

*라오서, 앞의 책, 87쪽.

✦
베이징 올림픽의 상징물 냐오차오鳥巢 ⓒ 조관희, 2013

이한 21세기에 중국은 전 지구적으로 무소불위의 힘을 휘두르고 있는 강대국이라 할 팍스 아메리카나의 세력에 맞설 유일한 대안으로 여겨진다. 또한 그들 스스로도 천하를 추구하고 천하를 자신의 손아귀에 넣으려는 야심을 공공연하게 드러내고 있다. 이제 사람들의 시선이 다시 중국으로 몰리고 있으며, 중국의 심장부인 베이징에서 벌어지는 중국인들의 일거수일투족에 이목이 집중되고 있다. 오랜 세월 동안 중국의 수도였던 베이징이 새롭게 부각되고 관심을 끌고 있는 것이다. 베이징은 또 다시 세계의 수도를 꿈꾸고 있는가?

베이징의 역사

각 시대별 베이징 명칭의 변천 과정은 다음과 같다.

10세기 이전 : 옌징燕京, 지청薊城, 유저우幽州

요遼 : 옌징燕京, 뒤에 난징南京으로 개칭

금金 : 중두中都

원元 : 다두大都, 또는 칸발릭Khanbaliq

명明 초기 : 베이핑北平

명 영락永樂 1년(1403)~1928년까지 : 베이징北京

1928년~1949년까지 : 베이핑北平

1949년~현재까지 : 베이징北京

적어도 지금으로부터 약 50만 년 전에서 30만 년 전 사이에 살았던 베이
징원인은 약 20만 년 전에 무슨 이유에선지 자취를 감추었다. 그리고 오랫
동안 베이징은 역사의 무대에서 잊힌 채 많은 시간이 흘러갔다. 그 뒤로 각
왕조는 베이징에 도읍을 하거나 그 지리적 중요성을 감안해 군사적 요충
지로 삼았다. 이를테면 진秦, 한漢, 위魏, 진晉을 거쳐 북쪽에서 5호 16국이
일어나자 진나라는 남하하여 동진東晉을 세우는데, 동진 말 북방에는 전연

이 일어나 왕인 무룽줜慕容儁이 이곳에 도읍을 세웠다. 하지만 전연은 단지 수십 년간 존속하다가 멸망했기에 이 시절의 유물은 남아 있는 것이 없다. 그 뒤 수隋와 당唐 대에는 융딩허永定河 인근에 유저우幽州를 두어 많은 군사를 주둔시켰다.

고대 중국에서 도시 형성의 기본 조건은 효과적인 방어가 가능한 지형, 곡물의 충분한 공급, 편리한 수자원 등이었다. 베이징의 원주민은 황토 고원에서 동쪽으로 이동, 타이항太行 산맥을 넘어 드넓은 화북 대평원을 발견한 뒤 그 북쪽 끝 그러니까 지금의 베이징 땅에 모여 살기 시작했다. 이곳의 서쪽과 북쪽은 험준한 산에 둘러싸여 있고, 동쪽에는 발해渤海가, 남쪽에는 농경에 적합한 넓은 평원이 있다. 융딩허永定河, 차오바이허潮白河 등으로 이루어진 발달된 수계는 풍부한 수자원을 제공해 주었다. 동시에 이곳은 중원과 동북, 몽골을 연결하는 교통의 요충지여서, 도시 형성의 조건을 충분히 갖춘 셈이었다.*

당나라 때에는 태종이 고구려 정벌에 실패하고 돌아가다가 이곳에 '민중쓰憫忠寺'라는 사원을 세워 정벌에서 죽은 이들을 기렸다. 이것이 현재의 파

*양둥핑, 장영권 옮김, 《중국의 두 얼굴》, 펜타그램, 2008, 44~45쪽.
**파위안쓰는 645년 당나라 태종 때 만들어진 사찰로, 고구려 정벌 전쟁에서 죽은 장군과 병사 들을 기념하고자 만들어진 사찰이다. 처음 만들어질 당시 이름은 민중쓰憫忠寺였다. 당시 관리를 선발하기 위한 황제의 과거시험이 이곳에서 열렸다. 요나라 침입 때 사찰이 파괴된 이후 전쟁과 지진 등 자연재해, 반란으로 몇 차례 더 파괴된 역사를 가지고 있다. 현재의 사찰은 1734년 청나라 시대에 만들어진 것이다. 이 사찰은 베이징에 있는 사찰 중 두 번째로 큰 사찰이다.

+
파위안쓰 © 조관희, 2005

위안쓰法源寺**다. 파위안쓰는 베이징에서 가장 오래된 불교 사원으로 알려져 있다.

당이 멸망하자 중국은 다시 5대 10국의 혼란기에 접어들었는데, 후진後晉의 스징탕石敬瑭은 옌(燕, 지금의 허베이)과 윈(雲, 지금의 산시山西) 16주를 거란에 할양했다. 이로써 거란은 강대한 국가로 성장하여 국호를 요遼라 하고 상경(上京, 지금의 랴오닝 성 바린쭤치巴林左旗에 있음)을 주도主都로 삼고, 베이징 지역을 부도副都로 삼아 '난징南京'이라 불렀다. 지금 톈안먼 옆 중산공원中山公園***에 있는 천 년 묵은 측백나무는 바로 이때 심은 것이라 한다. 요나라 때의 베이징 성, 곧 난징 성은 정방형으로 융딩허 쪽에 치우쳐 있었다.

이후 금나라가 일어나자 요를 대신해 유저우幽州 성을 점령한 뒤, 자신들의 근거지인 하얼빈哈爾濱 남동쪽의 안추후수이按出虎水 부근 아청阿城을 '상징上京'으로 삼고, 수도를 이곳으로 옮겨 이름을 '중두中都'라 고쳤다. 금이 베이징을 중두로 삼았던 것은 나중에 강역이 팽창해 중원에서 송을 몰아내고 차지한 본래 송의 수도였던 볜징(汴京, 지금의 허난 성河南省 카이펑 시開封市)을 '난징南京'으로 삼았기 때문이었다. 베이징이 전국적인 통일 정권에 의해 수도로 건설된 것은 이때가 최초였다. 요의 난징과 금의 중두는 모두 이전의 지청薊城 옛터인 융딩허 부근에 있었는데, 대체로 명, 청 대의 베이징 성 서남부 지역에 해당한다.

13세기 초엽 몽골 초원에는 칭기즈 칸(1162~1227)이라는 희대의 영웅이 등장해 몽골의 제 부족을 통합하고 그 여세를 몰아 중원을 침범하였다. 칭기즈 칸과 그 후손들은 파죽지세로 금과 송을 멸망시킨 뒤 일찍이 세계 역사에 없었던 세계 최대의 강역을 자랑하는 원나라를 세운다. 서기 1215년에 중원으로 진출해 금나라를 멸망시킨 몽골 기병들은 금의 수도인 중두를 다닝궁大寧宮만 남기고 모두 파괴하였다. 이로부터 한동안 베이징 성은 방치된 채 폐허로 남아 있었다.

칭기즈 칸은 몽골 제국을 통일하고 제국의 기초를 닦았다. 하지만 이것

*** 톈안먼 서쪽에 자리 잡고 있는 중산공원은 원 대 만수흥국사萬壽興國寺의 옛터이다. 명대 영락 19년(1421)에 쯔진청을 건설할 때는 좌조우사左朝右社의 제도에 따라 이곳에 사직단을 세워 황제가 토지 신, 오곡 신에게 제사를 지내던 곳이었다. 1914년에 중앙공원으로 개발하여 대외에 개방하였다. 1928년에는 중국의 위대한 혁명선구자 쑨원(孫文, 자는 중산中山)을 기념하기 위하여 중산공원이라 개칭하였다.

베이징 서남쪽 펑타이豐台에 남아 있는 금 중두 유지 © 조관희, 2014

을 세계 대제국으로 확립한 이는 그의 손자인 쿠빌라이였다. 쿠빌라이는 1215년에 태어나 유년 시절부터 거란 출신의 유명한 재상인 예뤼추차이耶律楚材 등과 교유하면서 무력에만 의지해서는 한 나라를 온전히 통치할 수 없다는 생각을 갖게 되었다. 이에 당 태종을 모범으로 삼고 유생儒生들을 초빙해 정사를 자문토록 했다. 이것이 쿠빌라이가 그 이전의 몽골 통치자와 다른 점이었다.

쿠빌라이 이전의 몽골 통치자들은 무력으로 정복을 일삼고, 군사적인 공포 정치를 폄으로써 정복지의 민심을 얻는 데 실패하였다. 칭기즈 칸으로부터 쿠빌라이 바로 앞의 칸인 몽케의 시기까지만 해도 몽골족 선조의 성법成法을 존중할 것을 강조했을 뿐 다른 나라의 제도를 받아들이려 하지 않았다. 비록 그들이 날랜 군사력을 바탕으로 중원을 점령하긴 했지만, 정치, 경제 방면에 있어서는 낙후한 유목 민족의 노예제를 유지하고 있었다. 그렇기에 중원 한족들의 선진적인 농업 생산력에 바탕을 둔 사회 문화제도와는 첨예한 모순을 드러냈던 것이다. 사회적인 동요와 민심의 괴리가 심각해짐에 따라 이에 대한 대비책을 세우는 것이 시급해졌다. 이에 몽골 지배층은 유목 부족의 전통을 고수하려는 수구파와 급변한 현실에 대응해 개혁을 추진하려는 개혁파로 나뉘었는데, 쿠빌라이는 개혁파의 중심인물이었다.

원래 몽골의 전통에 의하면 칸이 죽은 뒤 그 후계자를 정할 때 쿠릴타이라고 하는 황실회의에서 결정을 했다. 칭기즈 칸이 대칸으로 즉위한 것도 쿠릴타이의 결정에 의한 것이었고, 그의 후계자인 외괴데이와 그 아들 구육 또한 그러했다. 구육이 3년이라는 짧은 기간 재위한 뒤 다시 쿠빌라이의 큰 형이었던 몽케가 계위한 것 역시 쿠릴타이의 결정에 의한 것이었다. 몽케가 중국 남부 원정에서 전염병으로 급서하자 몽골의 수도인 카라코룸에서 열린 쿠릴타이 결과 몽케의 막내 동생인 아릭-부카가 옹립되었다. 이것은 몽골 선조의 옛 법을 고수하려는 수구파들이 그에 동조하는 아릭-부카를 내세워 개혁을 반대하고자 하는 의도에서 빚어진 결과였다. 이에 쿠빌라이는 쿠릴타이의 결정을 거부하고, 1260년에 자신의 근거지인 카이핑開平에서 스스로 칸의 자리에 오른다.

사실 칸의 자리에 오르기 전부터 쿠빌라이는 자신의 봉지에서 독자적인 한화漢化 정책을 펴 이미 전통적인 몽골의 통치 제도와는 많이 다른 독자적

+
원대에 세워진 먀오잉쓰妙應寺 백탑白塔 ⓒ 조관희, 2004

인 독립 왕국을 세우고 있었다. 다만 집안의 큰 형인 몽케가 칸의 지위에 있을 때는 묵묵히 자신에게 부여된 임무만을 수행하고 있었으나, 내부적으로는 이미 나름대로 한 나라의 통치를 감당할 만한 제도의 정비와 정치 철학을 수립해 놓고 있었던 것이다. 쿠빌라이가 칸의 자리에 오르자 당연하게도 아릭-부카와 그를 추종하는 세력들이 병사를 일으켜 형제들 사이에 내분이 일어나게 되었다. 하지만 이 싸움은 그리 오래가지 않아 얼마 뒤 아릭-부카가 복속해 옴으로써 쿠빌라이는 명실상부한 칸이 되었다.

내분이 끝난 뒤, 1263년 쿠빌라이는 옛 금의 수도였던 중두中都의 명칭을 회복하고, 1265년에는 카이핑을 상두上都로 바꿨다. 이후 쿠빌라이는 1267년까지 중두에 궁성과 해자를 건설하여 웅장한 수도를 완성했다. 1271년 드디어 국호를 '원'으로 바꾸고, 1273년에는 중두를 다두大都로 개

명했다. 다두는 몽골어
로 '칸발릭(Khanbaliq, 汗
八里)'이라고 하는데, '대
칸의 성'이라는 뜻이다.
당시 중국을 방문했던
마르코 폴로는 자신의
책에서 다두를 '캄발룩
Cambaluc'이라 불렀다.
하지만 정작 쿠빌라이
는 새로운 수도에 적응
할 수가 없었다. 만년에
는 통풍으로 고생했던
데다 몽골의 초원에서
자란 그로써는 남쪽 지
방의 혹독한 더위를 견
뎌낼 재간이 없었기 때

✛
마오잉쓰 백탑을 세우는 데 공을 세운 네팔인 아니거의 조상. 당
시 다두에는 다양한 나라의 사람들이 원 조정의 부름을 받아 그들
을 위해 일하고 있었다. ⓒ 조관희, 2007

문이다. 그리하여 그는 매년 늦은 봄부터 초가을까지는 상두로 가서 더위
를 피하고 가을과 겨울에만 다두에서 지냈다. 이후 원 왕조의 황제들은 모
두 쿠빌라이의 관행을 따랐다.

다두를 수도로 결정한 것은 쿠빌라이지만, 다두로 천도할 것을 건의하
고 실제로 책임지고 도성을 건축한 사람은 류빙중劉秉忠이라는 한족 출신
의 막료였다. 류빙중이 쿠빌라이를 만났을 때는 쿠빌라이가 아직 칸의 지

+
원 다두 토성공원 내에 있는 쿠빌라이 상 ⓒ 조관희, 2009

위에 오르기 전이었다. 류빙중은 관적이 루이저우(瑞州, 지금의 랴오닝 성 쑤이중
현綏中縣 북쪽)로 대대로 벼슬을 살던 집안 출신이었다. 하지만 몽골이 일어
나 중원을 차지하자 한족 출신인 그는 뜻을 펴지 못하고 은거하다 우연히
쿠빌라이에게 천거되어 중용되었다. 그는 자신이 갖고 있는 학식과 더불
어 요와 금과 같은 이민족 정권이 한족을 통치하는 제도와 방식에 대해서
도 깊이 이해하고 있었다. 이에 류빙중은 향후 30여 년 동안 쿠빌라이를 보
좌하며 당시 한족으로서는 최고의 지위에까지 올라갔다.

　그를 중용했던 쿠빌라이는 우선 그에게 카이핑 성(지금의 내몽골 정란치 스베
쑤무正藍旗石別蘇木)의 건설을 맡겼다. 류빙중은 착수한지 3년 만에 일을 끝내

고, 이번에는 쿠빌라이에게 수도를 금의 중두로 옮길 것을 건의하였다. 원 중통中統 원년(1260), 쿠빌라이는 카이핑을 떠나 중두로 수도를 옮겼다. 당시 중두는 몽골군에 의해 철저하게 파괴되었기에 초기에 쿠빌라이가 살았던 곳은 중두의 서북쪽 교외에 있는 금 왕조 이궁離宮인 타이예츠太液池 내의 츙화다오瓊華島 안에 있는 광한뎬廣寒殿이었다. 타이예츠는 후대에 '전삼해前三海'라 하여 베이하이北海, 중하이中海, 난하이南海가 되었는데, 쳰하이前海, 허우하이後海, 시하이西海로 이루어진 '후삼해後三海(당시 명칭은 지수이탄積水潭)'와 함께 도성의 주요한 수원이었다. *

그러나 앞서 말한 대로 중두는 금의 멸망 이후 오랫동안 방치되어 원래의 면목을 잃고 있었을 뿐 아니라, 여름이면 인근의 융딩허가 범람해 물에 잠겼다. 그리고 '전삼해'와 '후삼해'가 있다 하더라도 도성에서 사용하는 용수 문제가 완전히 해결된 것은 아니었고, 성안 사람들이 먹고살 양식을 운반하는 조운에도 불리했다. 이러한 문제를 해결하고자 류빙중은 수리水利에 밝은 한 사람을 발탁해 그에게 다두의 치수를 책임지게 하였다. 그가 바로 원의 수도 다두뿐 아니라 후대 베이징 성의 치수에까지 심대한 영향을 주었던 궈서우징(郭守敬, 1231~1316)이다. 궈서우징은 순더(順德, 지금의 싱타이邢台) 사람으로, 할아버지인 궈룽郭榮이 당시 다두 성의 건설을 책임지고 있던

---

* 여기서 한 가지 덧붙일 말은 '해海'라는 단어의 의미이다. 사실 도심의 호수를 두고 '바다'라는 표현을 쓰는 것은 여러모로 적절치 않다. 여기서 말하는 '해'는 몽골어 '하이쯔海子'에서 온 것으로 원래는 '화원花園'을 의미한다고 한다. 그러나 일반적인 용례는 내륙의 호수를 가리킨다. 곧 바다를 볼 수 없는 내륙 지역의 사람들이 호수를 두고 일종의 대리만족을 하고자 만들어 낸 말이었다.

태보 류빙중과 친했던 관계로 그 문하에 들어갔다.

　궈서우징은 처음에는 금나라 때 중두의 물길을 그대로 답습해 위취안산玉泉山의 물을 끌어들여 웡산보(甕山泊, 지금의 쿤밍 호昆明湖)와 가오량허高粱河를 거쳐 다닝궁大寧宮으로 흘러들게 하려고 했다. 하지만 이 물길은 이미 황실 전용수로 쓰이고 있었기에 궈서우징은 조운에 필요한 다른 물길을 찾아야 했다. 궈서우징은 다두 성의 서북쪽으로 60여 리 정도 떨어진 선산(神山, 지금의 평황산鳳凰山) 하의 바이푸취안白浮泉이 수량이 많고 지세가 다두보다 높다는 사실을 알고, 이 물을 사허沙河와 칭허淸河를 에둘러 웡산보甕山泊까지 끌어온 뒤 다두 성안의 지수이탄積水潭으로 끌어들였다. 지수이탄의

물은 다시 황성의 동쪽 성벽을 따라 흐르다 리정먼麗正門 동쪽에서 다시 원
밍먼文明門 밖으로 흘러 퉁저우通州 갑문으로 흘러 들어갔다. 퉁저우에 갑문
을 설치한 것은 남방의 운하를 통해 퉁저우의 장쟈완張家灣으로 들어온 배
가 이곳보다 지대가 높은 지수이탄으로 들어올 수 있게 하기 위해서였다.
궈서우징은 하천을 따라 24개의 갑문을 설치함으로써 수위를 조절해 배가
지수이탄까지 이를 수 있게 했다.

이렇게 하여 궈서우징은 도성 안에서 사람들이 사용하는 용수 문제를
해결했을 뿐 아니라, 남방에서 운하를 통해 올라온 조운선들이 직접 지수
이탄, 곧 수대의 스차하이什剎海까지 이르게 했다. 스차하이에는 녹미창祿

米倉이니 해운창海運倉이니 하는 많은 창고가 있어 조운선에 싣고 온 식량을 부릴 수 있었다. 쿠빌라이는 완공된 물길에 '퉁후이허通惠河'라는 이름을 하사했다. 이렇게 해서 원의 수도인 다두에는 황실 전용 수로인 타이예츠의 가오량허 수계와 민간 전용 수로인 지수이탄의 퉁후이허 수계가 완성되었다. 후대에 궈서우징은 다두, 나아가 베이징 성의 수리 사업에 큰 족적을 남긴 이로 추앙받았다. 현재 스차하이에는 그의 입상과 함께 기념관이 세워져 있다.

류빙중이 주도하여 새롭게 지어진 다두 성은 1267년에 착공되어 1276년에 완성되었는데, 총 면적은 50여 평방킬로미터에 이르렀다. 다두를 건설할 당시 요와 금의 수도였던 곳은 이미 황폐해진 데다 앞서 말한 대로 주로 수리水利 문제 때문에 아예 북쪽으로 옮겨 새로 터를 잡았다. 이렇게 북쪽으로 옮겨진 베이징 도성의 신축은 이후 명과 청에 이르기까지 기본적인 큰 틀의 변화가 없었다는 점에서 베이징 성의 역사에 있어 '제1 대사건'이라 할 만하다. 곧 명과 청 두 왕조 시기의 베이징은 원나라 때 세워진 도성을 기초로 궁성을 확장한 것에 지나지 않는다고 해도 과언이 아니다.

다두 성은 삼중의 성곽으로 둘러싸여 있었다. 외성은 대성大城이라고도 불렀는데, 북쪽에만 두 개의 성문이 있었고, 동서남쪽에는 세 개의 성문을 두었다. 북쪽 성문은 동쪽의 안전먼安貞門과 서쪽의 젠더먼建德門이고, 동쪽의 세 문은 북에서 남쪽으로 내려오면서 광시먼光熙門, 충런먼(崇仁門, 지금의 둥즈먼東直門에 해당), 치화먼(齊化門, 지금의 차오양먼朝陽門에 해당)이며, 서쪽의 세 문은 역시 북에서 남쪽으로 쑤칭먼肅淸門, 허이먼(和義門, 지금의 시즈먼西直門에 해당), 핑쩌먼(平則門, 지금의 푸청먼阜成門에 해당)이고, 남쪽의 세 문은 정중앙이

리정먼麗正門, 동쪽은 원밍먼文明門, 서쪽은 순청먼順承門이었다. 각각의 성문은 밖으로 옹성을 두르고, 성의 네 모퉁이에는 거대한 각루角樓를 세웠으며, 성 밖에는 넓고 깊은 해자를 둘러 후청허護城河라 불렀다.

외성의 안쪽은 다시 황성과 궁성으로 나뉘는데, 궁성은 가장 중심부에 있는 황제와 그 가족들이 사는 공간이었다. 이 궁성과 외성의 사이에 있는 것이 황성인데, 여기에는 넓이가 5리 정도 되는 호수인 타이예츠가 있었고, 그 서쪽에는 츙화다오가 있었다. 쿠빌라이는 이곳에 광한뎬이라는 궁전을 지어 놓고 궁성보다는 이곳에 머무는 것을 더 좋아했다. 또 황성 안에는 따로 룽푸궁隆福宮과 싱성궁興聖宮이라는 별궁을 지어 황자와 태후, 후비와 다른 황실 사람들이 살게 했다.

하지만 이곳에서 몽골족이 누린 영화는 그리 길지 않았다. 1368년 정월, 명의 태조 주위안장의 명을 받은 쉬다徐達가 기병과 보병을 이끌고 운하를 따라 북상하여 퉁저우를 거쳐 치화먼에 도착했다. 흥미로운 것은 원의 마지막 황제인 순제順帝가 보인 태도였다. 대개 망국의 군주는 그 한을 안고 자결하거나 포로로 잡혀 비참한 최후를 맞는 게 보통이다. 하지만 순제는 맞서 싸울 생각도 하지 않고 야음을 틈타 도성의 북쪽으로 나 있는 젠더먼을 통해 몽골족의 원래 근거지인 상두로 도망을 쳤다. 그리고 같은 해 8월, 쉬다가 다두 성을 점령함으로써 원나라는 그 명맥을 다했다.

명 태조 주위안장은 몇 가지 측면에서 독특한 인물이다. 그 첫 번째는 역대 제왕들이 그 나름대로 명문 귀족 출신이었던 데 반해, 주위안장은 미천한 신분 출신이었다는 점이다. 그는 한때 먹고살고자 탁발승 노릇도 했고, 원 말에 사회가 어지러워지자 각지에서 일어난 초적 떼에 들어가 입신양

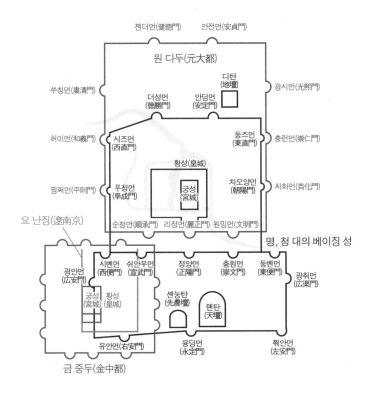

젠더먼(健德門)　안전먼(安貞門)

원 다두(元大都)

디탄(地壇)

쑤청먼(肅淸門)　광시먼(光熙門)

더성먼(德勝門)　안딩먼(安定門)

허이먼(和義門)

시즈먼(西直門)

둥즈먼(東直門)　충런먼(崇仁門)

황성(皇城)

핑쩌먼(平則門)

푸청먼(阜成門)

궁성(宮城)

차오양먼(朝陽門)　치화먼(齊化門)

요 난징(遼南京)

순청먼(順承門)　리정먼(麗正門)　원밍먼(文明門)

명, 청 대의 베이징 성

광안먼(広安門)

시볜먼(西便門)　쉬안우먼(宣武門)　정양먼(正陽門)　충원먼(崇文門)　둥볜먼(東便門)　광취먼(広渠門)

궁성(宮城)　황성(皇城)

셴눙탄(先農壇)

톈탄(天壇)

유안먼(右安門)　융딩먼(永定門)　쭤안먼(左安門)

금 중두(金中都)

✚
각 왕조 시기의 베이징 성

명을 꾀했다. 두 번째는 역대 제왕들이 주로 북방에서 일어나 제업帝業을 도모했다면, 주위안장만은 남방 출신으로 나라를 일으켜 세웠다는 것이다. 그래서 주위안장은 처음에는 자신의 고향인 안후이 성의 린하오(臨濠, 현재의 펑양鳳陽)에 도읍을 정하려 했다. 그러나 그곳은 한 나라의 수도가 되기에는 너무도 편벽한 곳이었다.

주위안장은 왕위에 오른 후 한때 고향인 안후이 지방의 린하오를 국도로 정하여 그곳을 세계의 중심과 시간의 기점으로 만들기로 결심했다. 그리고 한의 창안長安, 조위曹魏의 예청鄴城, 수의 다싱大興, 당의 창안 등의 도성과 차별화하고자 자기의 도성을 《주례》〈고공기〉의 설계에 최대한 근접시키려고 했다. 애석한 것은 홍무 2년(1369)부터 시작한 이 공정이 겨우 6년 간 지속되다가 멈춘 것이다. 그 편벽한 지역은 도성을 세울 조건을 갖추지 못했던 게 분명하다. 그는 난징으로 돌아와 그곳을 수도로 삼는 수밖에 없었다.*

아울러 주위안장은 황제 자리에 오르자 가장 먼저 자신과 함께 전쟁터에서 고락을 같이했던 공신들을 하나씩 숙청해 나갔다. '교활한 토끼를 잡으면 사냥개를 삶아 먹는다狡兎死, 走狗烹'라고 했던가? 흔히 '토사구팽'으로 줄여 부르는 이 말은 사냥이 끝나면 더 이상 사냥개는 필요 없다는 의미이다. 멀리는 한漢나라 때 류방劉邦과 한신韓信의 고사로부터 금군禁軍 출신으로 황제의 자리에 올랐던 송 태조 자오쾅인趙匡胤이 가장 먼저 금군을 없앤 일까지 개국 공신들이 찬밥 신세가 된 것은 역사가 항상 반복된다는 것을 보여 준다. 명 태조 역시 자신을 포함해 자식들에게 부담을 주지 않고자

*주융, 김양수 옮김, 《베이징을 걷다》, 미래인, 2008, 28쪽. "여태껏 평양처럼 《주례周禮》〈고공기考工記〉의 건설 구상을 그대로 따라 복원한 고대 도성은 없었다. 궁전, 관아, 천보랑의 순차적 배열은 물론 좌조우사左祖右社(《주례》〈고공기〉에 따라, 궁성 건설 시 왼쪽에 종묘를, 오른쪽에 사직을 두는 제도)의 위치까지 모든 왕조의 편차를 바로잡았다. 《주례》〈고공기〉는 서주 시대 저작으로, 예禮 사상으로 도성을 건설하는 구상을 기술하고 기본 법칙을 제정했다. 하지만 이 법칙은 후대에는 정확히 실현되지 못했다." (주융, 위의 책, 27쪽)

+
평양의 중도고성中都古城 유적

공신들을 모조리 숙청해 버렸다. 게다가 자신의 황위를 이을 황태자가 일찍 죽자 고심 끝에 손자를 황태손으로 지정했다. 하지만 그는 아직 황제의 자리에 오르기엔 어린 나이로 여러모로 미덥지 않았기에 주위안장은 주씨 황실의 유지에 불안감을 갖게 되어 더욱 가혹한 숙청을 행하였다.

한편 주위안장은 황실이 고립되는 것을 면하고 유사시를 대비하여 즉위 3년 후인 홍무洪武 3년(1370)에 황태자를 제외한 자신의 아들들을 왕으로 분봉하였다. 이때 비교적 나이가 많은 아들들은 북쪽에 배치하여 아직 남아 있는 북원北元의 세력에 대비하도록 했다. 그리고 이들에게는 방위의 필요에 의해 상당한 무력의 소유도 인정하였다. 실제로 북방의 제왕들은 북원과의 충돌에서 몽골을 토벌하여 혁혁한 무공을 세우기도 했다. 이들 가운데 베이핑에 분봉된 연왕 주디(1360~1424)는 가장 걸출한 인물로 야심만만한 전략가였으며, 10만의 강병을 소유하고 수차례 원정에서 승리를 거둬 그 위세가 자못 볼 만하였다.

실제로 주위안장은 황태자가 죽자, 넷째 아들인 주디에게 황제의 자리를 잇게 할 생각도 했다고 한다. 하지만 결국 신하들의 반대로 주디를 황태자로 내세우지 못했는데, 주위안장은 이를 못내 아쉬워했다고 한다. 명 태조 주위안장이 재위 31년(1398) 만에 71세의 나이로 세상을 뜨자, 황태손인 혜제惠帝가 등극했다. 22세의 나이로 등극한 혜제는 착하고 어진 성품이었으나, 지도자로서 결단력이 부족했다. 게다가 그를 보좌했던 치타이齊泰나 황쯔청黃子澄, 팡샤오루方孝孺 등과 같은 신하들은 논설만 즐길 뿐 실제 경륜은 부족한 이들이었다. 이들은 북방에 있는 여러 왕들의 세력이 커가는 것을 못내 불안하게 여기다 혜제에게 그들의 병력을 삭감할 것을 건의했는데, 그중에서도 베이핑에 있는 연왕이 주된 표적이었다.

혜제는 우선 비교적 힘이 약한 주왕周王과 제왕齊王, 대왕代王 등의 왕위를 박탈하고 서민으로 강등시켰다. 이 같은 기습 조치로 여러 왕들은 동요하게 되었으며, 연왕은 다음 표적이 자신임을 간파하고 건문建文 원년(1399) '간신을 제거하고 명 황실을 구한다靖難'라는 명분으로 반란을 일으켰다. 이를 '정난의 변'이라 하는데, 개국 초기 삼촌이 어린 조카에게 반기를 들어 황제의 자리를 빼앗은 것은 여러모로 우리 역사에서의 '단종애사'와 흡사한 면이 있다.

이 싸움은 4년여를 끌었는데, 병력 면에서는 황제의 군대가 훨씬 우세하여 한 번의 작전에 50만의 대군이 동원되기도 했다. 하지만 숫자만 많았을 뿐, 황제의 군대에는 이를 제대로 통솔할 장수가 없었다. 그것은 역전의 명장들을 태조 주위안장이 거의 다 숙청해 버렸기 때문이었다. 이에 비해 연왕의 군대는 북방의 외적들과의 실전을 통해 단련된 강병들이었다. 이들은 파죽지세로 밀고 내려가 건문 4년 5월에 수도인 진링(金陵, 곧 난징)을 함락시켰다. 한편 난리 중에 혜제가 행방불명이 되었는데, 일설에는 중의 복장으로 성을 탈출해 잠적했다고도 한다.

이렇게 무력으로 제위를 찬탈한 연왕은 영락永樂이라 개원하고 스스로 황제 자리에 올랐다(재위 1402~1424). 그가 가장 먼저 취한 조처는 자신과 같이 반란을 일으킬 소지가 많은 제왕들의 병권을 박탈하고 서인으로 폐출한 것이었다. 이에 따라 황권에 도전할 세력은 없어졌으나 오히려 북방의 수비를 약화시키는 결과를 빚었다. 이에 영락제는 막북漠北에서 호시탐탐 기회를 노리는 북원의 위협에 대비하고자 즉위한 다음 해에 수도를 다시 베이핑으로 옮기고 이름을 베이징北京으로 바꾸었다. 오늘날 베이징이라는 명칭은 이때 처음 생긴 것이다. 이렇게 해서 베이징은 요, 금, 원과 같은 북방 이민족이 아니라 한족이 세운 왕조 최초로 한 나라의 수도가 되었다. 아울러 이전 왕조의 수도였던 시안西安이나 카이펑開封, 뤄양洛陽 등이 북위 35도의 위치에 자리 잡았던 데 비해(난징은 32도) 베이징은 40도(참고로 이것은 뉴욕, 평양과 같은 위도이다)로 이전보다 훨씬 북쪽에 치우쳐 있다.

하지만 베이징은 한 나라의 수도가 되기 위해 황제가 거처할 궁궐이나 성, 해자 등 새로 건축해야 할 것들이 아직 많았다. 그래서 영락 4년(1406)부터 수도 건설을 위한 공사가 시작되어 10여 년 뒤인 영락 19년(1421) 3월이 되어서야 정식으로 베이징으로 천도했다. 이후로는 명 초기 수도였던 진링金陵을 난징南京, 또는 유도留都라 하였다. 이렇듯 영락제의 베이징 천도는 이후 청을 거쳐 현재까지 베이징의 기본적인 틀을 만든 일대 사건이었다.

연왕 주디는 홍무 3년(1370) 연왕에 분봉되었을 때만 해도 아직 베이징으로 옮겨와 살고 있지 않았다. 연왕이 베이징으로 옮겨 산 것은 홍무 13년(1380)이니, 그때까지도 연왕은 수도 난징에서 살고 있었다. 연왕이 처음 베이징에 왔을 때는 원의 수도였던 다두 성 내에 있는 호수 타이예츠 서쪽 싱성궁에 거주했다. 그러다 앞서 이야기한 대로 건문 4년(1402) 연왕 주디가 난징에서 칭제하고 황제에 즉위한 뒤인 영락 4년(1406)에 비로소 베이징 성의 건설에 착수할 수 있었다. 이때는 연왕이 베이징에서 산 지도 어언 20여 년이 된 시점이었다.

초기에는 공사를 크게 벌일 수 없었는데, 그것은 개국 초기였던 데다 연왕 스스로 반란을 일으켜 4년 남짓한 시간 동안 전쟁을 치르느라 백성들의 부담이 적지 않았기 때문이었다. 그래서 당장 필요한 베이징 성의 궁전부터 축조해 나갔는데, 이때 처음 지은 것은 펑톈뎬奉天殿이었다.

영락 13년(1415)에는 베이징 성벽이 완성되고, 다음 해에는 서궁西宮이 완성되었다. 영락 15년(1417), 황제는 신하들에게 베이징 성의 건설에 대한 일종의 설문을 벌였는데, 뉘라서 황제의 의중을 헤아리지 못하고 반대 의견을 내놓을 수 있었겠는가? 신료 대부분이 황제의 뜻을 찬양하는 가운데 본격적으로 베이징 성 건설에 착수해 대규모 공사를 벌였다. 당시 공사에 쓰인 자재들은 전국 각지에서 조달했는데, 이를테면 유리기와는 후난에서,

화강암은 안후이安徽에서 가져오고, 궁실의 땅을 포장하는 기와는 쑤저우蘇州에서 구운 것이었다. 또한 성벽을 쌓는 데 필요한 벽돌은 주로 산둥山東의 린칭臨淸과 그 인근 현에서 보내왔는데, 수량이 삼사천만 개 정도였다고 한다. 건물을 짓는 데 필요한 목재는 윈난雲南이나 구이저우, 쓰촨 등지의 심산유곡에서 베어낸 것이었는데, 당시의 열악했던 교통을 생각하면 이런 건축 자재들을 보내는 데 얼마나 많은 시간과 비용이 들었을지 가히 상상이 간다.

1419년, 베이징 성의 남성南城이 확장되어 완성되자, 1420년 베이징 성을 신축하는 공사는 거의 마무리되었다. 이에 1420년, 영락제는 정식으로 수도를 옮기는 조서를 반포하고 이 성대한 사업이 마무리된 것을 찬양했다. 그 이듬해인 1421년 정월 초하루에 영락제는 펑톈뎬에서 문무백관의 축하를 받으며 베이징 성의 준공을 선포하고, 새로 지은 도성을 '경사京師'라 불렀다. 하지만 사람들은 '베이징'이라는 이름을 더 좋아해 지금껏 내려오고 있다. 명 대에 건설된 베이징 성은 앞서 살펴본 대로 원 대에 건설된 다두 성을 근간으로 하는데, 그때보다 약간 남쪽으로 이동한 형태를 띠고 있다.

영락이 건설한 북경 성벽은 아마 원대의 성벽이 있던 토대에 벽돌을 붙여 보수한 것일 게다. 월루月樓와 누포樓鋪도 완비되지 않은 걸 보면, 그가 수도를 정한 후 서둘러서 바쁘게 건설했다는 것이 드러난다. 제국의 도성은 분명 이렇게 대충대충해서는 안 된다. 정통 원년(1436) 정통 황제는 태감 롼안阮安, 독도동지督都同知 선칭沈淸, 공부상서工部尙書 우중핑吳中平에게 군대의 장인과

부역 수만 명을 인솔하여 북경 아홉 개 문의 성벽과 성루를 새로 건설하라고 명령했다. 그리고 3년의 시간을 들여 마침내 완성했다.*

그런데 현재 우리가 보고 있는 베이징 성의 모습은 영락제 때의 것이 아니다. 중앙의 황성, 곧 구궁故宮을 둘러싼 내성이 완성된 뒤 남쪽의 정양먼 正陽門 밖으로 인구가 늘고 번화해진 데다 북쪽으로 쫓겨 간 북원北元이 자주 남하하여 소란을 피우게 되었다. 이에 가정嘉靖 32년(1553), 급사중 주바이천朱伯辰의 진언으로 이듬해인 가정 33년 윤3월에 내성을 둘러싸는 외성이 착공되었다. 그리하여 남쪽 교외에 융딩먼永定門과 쮜안먼左安門, 유안먼 右安門을 새로 축조하는 등 본격적인 공사에 돌입했다. 그러나 막상 공사를 진행하다 보니 공사비가 원래 생각했던 것보다 훨씬 많이 소요되었는데, 당시 명 왕조의 재정은 이를 감당할 만큼 충분하지 않았다. 그래서 황제가 옌충嚴嵩을 파견해 실지 조사를 하도록 하니, 옌충은 일단 공사를 중단하고 나중에 재정이 확충되면 재개할 것을 건의했다. 그래서 외성은 착공한 지 10개월 만에 내성과 만나는 지점에서 중동무이되었다. 그래서 본래는 외성이 내성을 둘러싼 이중 모양이 되어야 했던 것이 남쪽이 넓고 북쪽은 좁은 형태凸가 되었다. 사람들은 이 모양이 마치 모자와 같다 하여 베이징 성을 '모자의 성'이라 부르게 되었다.

---

*주융, 앞의 책, 53~54쪽.

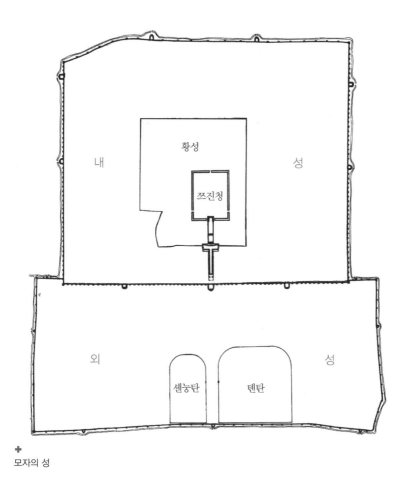

내 성

황성

쯔진청

성

외 성

셴눙탄

톈탄

✦
모자의 성

이렇게 되자 본래 황성의 남쪽 교외에 있던 톈탄天壇과 산취안탄山川壇이
외성 벽 안으로 포섭되는 형태가 되었는데, 이것은 중국 고유 도성의 이상
형Idea Typus과는 동떨어진 것이다. 또 결과적으로 외성이 완성되었다면 베
이징 성은 정중앙의 쯔진청(궁성)을 내성(황성)이 에워싸고 이것을 다시 외성
(대성)이 에워싸는 3중 구조가 되었을 것이다. 그리고 외성이 없을 때는 베

이징 성의 남대문이 정양먼이었으나, 남쪽에 외성이 만들어진 뒤에는 융딩먼이 남대문이 되었다.

이상적인 계획 도시

　현재의 베이징 성의 추형은 원 대에 이루어졌지만, 기본적인 틀은 명 대에 완성되었다. 잘 알려진 대로 명 대 초기에 수도는 지금의 난징이었다. 베이징이 명나라의 수도가 된 것은 명 태조 주위안장의 넷째 아들인 영락제 때부터였다. 자신의 조카를 황제의 자리에서 끌어내리고 황제의 자리에 오른 영락제는 곧 자신의 근거지인 베이징으로 천도를 결정하고, 새로운 수도의 건설을 자신의 군사軍師인 류보원劉伯溫과 야오광샤오姚廣孝에게 맡겼다.

　황제의 명령을 받은 두 사람은 일단 베이징의 중심부로 가서 동서로 5리, 남북으로 7리 정도 되는 선을 그어 도성의 경계로 삼았다. 나머지 구체적인 부분은 각자 안을 내기로 하고 숙고에 들어갔다. 그들은 서로 일등 공을 세우기 위해 각별히 공을 들여 밑그림을 그렸는데, 아무리 생각해도 묘안이 떠오르지 않았다. 약속한 기일 하루 전날, 류보원은 집을 나서 산보를 하다가 갑자기 붉은 색 옷을 입은 아이紅孩子 하나가 그의 앞을 걸어가는 모습을 보았다. 류보원이 빨리 가면 그 아이도 빨리 가고, 그가 천천히 가면 그 아이도 천천히 걸었다. 류보원은 괴이쩍게 생각하면서 그 아이를 따라갔다. 그때 야오광샤오도 같은 일을 당하고 있었다. 그러다 두 사람은 어딘가에서 맞닥뜨렸다. 먼저 류보원이 말했다.

"여기서 우리가 각자 그림을 그려보도록 하자."

이에 두 사람은 서로 등을 지고 그림을 그리기 시작했다. 이때 두 사람의 눈앞에 그 붉은 옷을 입은 아이 모습이 동시에 나타났는데, 두 사람은 말없이 그림을 그렸다. 그림을 다 그리고 나서 보니 두 사람이 그린 그림은 완벽하게 똑같았다. 그것은 머리가 셋이고 팔이 여섯인 '너자哪吒'의 형상이었다.

'너자'를 우리말 음으로 하면 '나타'로 《봉신연의》와 《서유기》와 같은 소설에 등장해 유명해진 신이다. 《서유기》에서는 탁탑천왕托塔天王 리징李靖의 셋째 아들로 나오는데, 평소에는 어린아이의 모습을 하고 있다가 변신하면 머리가 셋이고 팔이 여섯인 괴물로 화해 적과 싸운다. 《서유기》에서는 천궁天宮을 어지럽히는 손오공을 잡으러 갔다가 오히려 손오공에게 대패하고 돌아간다.

나타 태자가 화가 치밀어 큰 소리로 "변해라!" 하고 외치니, 곧장 머리 셋에 팔이 여섯 달린 무시무시한 모습으로 변했다. 손에는 요괴의 머리를 베는 참요검과 요괴를 베는 감요도, 요괴를 묶는 박요색, 요괴를 항복시키는 방망이인 항요저, 둥근 철퇴 같은 수구아, 불꽃 같은 날이 달린 수레바퀴처럼 둥근 무기인 화륜아, 이 여섯 가지 무기를 들고 이리저리 휘두르며 정면으로 달려들었다. …… 대단한 제천대성! 그도 큰 소리로 "변해라!" 하고 외치니 머리 셋에 팔이 여섯 달린 모습으로 변했고, 여의봉을 한번 흔드니 그 또한 세 개로 변했다.

《서유기》 중에서

각설하고, 그림이 다 그려지자 두 사람은 서로 공을 다투기 위해 그림을 들고 황제 앞에 나선다. 이때 류보원은 황제에게 자신의 그림을 다음과 같이 설명한다.

"정중앙에 있는 문은 정양먼이라 하는데, 너자의 뇌에 해당하고, 옹성은 동서로 문이 열려 있으니, 너자의 귀에 해당합니다. 정양먼 안에 있는 두 개의 우물은 너자의 눈이옵고, 정양먼 동쪽의 충원먼崇文門과 동볜먼東便門, 도성의 동쪽에 있는 차오양먼과 둥즈먼은 너자의 오른쪽 네 팔입니다. 마찬가지로 정양먼의 서쪽에 있는 쉬안우먼宣武門과 시볜먼西便門 그리고 도성의 서쪽에 있는 푸청먼과 시즈먼은 너자의 왼쪽 네 팔입니다. 도성의 북쪽에 있는 안딩먼安定門과 더성먼德勝門은 너자의 두 다리에 해당하옵고, 황성皇城은 너자의 오장五臟에 해당합니다."

하지만 황제는 두 사람의 그림이 똑같은지라 누구의 공이 더 큰지 결정을 하지 못하고, 다만 도성을 동서로 반을 나누어 동성東城은 류보원이 그린 것처럼 짓고, 서성西城은 야오광샤오가 그린 것처럼 지으라고 명했다. 하지만 야오광샤오가 그림을 그릴 때 바람이 불어 종이가 날려 그림의 서북쪽 모서리 선이 약간 삐뚤어졌기 때문에, 서성의 해당 부분인 더성먼에서 시즈먼 사이 부분이 삐딱하게 기울고 말았다고 한다. 물론 이것은 어디까지나 전설에 지나지 않고, 실제로는 서북쪽 모퉁이에 하천이 있고 그 일대에 원 대의 한림원과 민가가 밀집해 있어 이곳을 에둘러 성을 쌓다 보니 약 30여 도의 경사로 기울게 된 것이다.

여기에서 류보원이 황제에게 설명한 너자는 앞서 《서유기》에 나오는 너자와 약간 다른 모습이다. 곧 원래 팔이 여섯인 너자가 여덟 개의 팔을 가

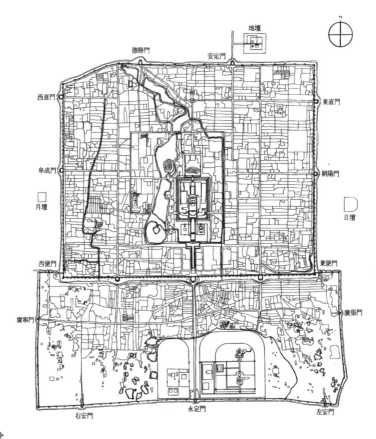

+

명, 청 대 베이징 성(손세관, 《북경의 주택》, 열화당, 1995, 30쪽.)

진 것으로 묘사된 것이다. 물론 베이징 성을 삼두육비三頭六臂로 설명한 전설도 있다. 세칭 '전삼문前三門'이라 불리는 도성의 남쪽 세 문인 정양먼, 충원먼, 쉬안우먼이 '세 개의 머리三頭'이고, 도성의 동쪽과 서쪽에 각각 세 개씩 나 있는 문을 '여섯 개의 팔六臂'로 비유한 것이다. 이상의 이야기는 물론 전설상의 이야기다. 이 밖에 베이징을 한 마리 용으로 비유하기도 했다. 정양면이 용의 머리이고, 옹성은 그 바깥 윤곽이며, 옹성 내부의 두 우물은 용의 눈이고, 관제묘關帝廟와 관음묘觀音廟 안에 있는 당간지주는 용의 수염에 해당한다는 것이다. 이렇듯 많은 사람들이 베이징을 특정한 사물에 빗대어 그에 대한 유비類比를 끌어다 견강부회한 것은 베이징이 그만큼 치밀한 기획하에 건설된 도시라는 사실을 뒷받침해 주고 있다.

미국의 저명한 도시계획학자 에드먼드 베이컨Edmund N. Bacon의 《도시계획》이라는 책에는 다음과 같이 쓰여 있다.

"지구의 표면 위에 있는 인류의 가장 위대한 설계는 아마도 베이징 성일 것이다. 이 중국 도시는 제왕의 주거지로 설계된 것이지만, 여기에는 우주의 중심이 표현되어 있다. 도시 전체에 예의 규범과 종교의식이 녹아들어 있다. …… 베이징의 평면 설계는 위대한 걸작이다. 오늘날의 도시계획에도 풍부한 아이디어를 제공해 주는 보고이다."*

고대 중국에서는 새로 지은 도시를 그곳에 봉해진 이의 지위에 따라 그 호칭과 규모를 구분했다. 이를테면 대부의 봉지는 '읍邑'이라 했고, 제후의 봉지는 '도都'라 했으며, 천자의 성을 '경京'이라 불렀다. 전통적인 중국인들의 생각에 의하면, 하늘의 아들인 천자가 사는 곳이 수도였기에, 경은 곧 그 나라의 수도였다. 또 경에는 인공적으로 쌓아 올린 '높은 언덕高丘'이라

*양둥핑, 앞의 책, 138쪽

는 뜻이 있는데, 이 말은 경이 사람들이 자연스럽게 모여 살다 조성된 취락이 아니라 애당초부터 어떤 의도를 갖고 설계된 계획도시였다는 것을 말해 준다. 수도인 '경사京師'는 천자가 사는 곳으로, 우주와 세계의 중심인 동시에, 통치 이데올로기가 구체적으로 체현되어 있는 이상형Idea Typus이었던 것이다.

그래서 중국 역대 왕조의 수도는 이러한 통치 이데올로기를 구현하고자 계획도시로 건설되었다. 아울러 중국인이 수도를 건설할 때 전범으로 삼았던 것은 중국인이 이상적인 사회로 떠받들었던 이른바 '삼대三代' 가운데 하나인 주周나라의 관제를 설명한 《주례周禮》〈동관冬官〉〈고공기考工記〉에 나오는 도성 건설의 원리였다. 《주례》에서는 주나라의 관제를 '천지춘하추동天地春夏秋冬'의 육관六官으로 나누어 설명했다. 이 가운데 동관은 일찍 없어졌는데, 전한前漢 성제(成帝, 기원전 32~기원전 7) 때 이것을 대신해 〈고공기〉가 편입되었다.

〈고공기〉는 중국에서 가장 오래 된 공예기술서工藝技術書로 알려져 있으며, 도성과 궁전, 관개灌漑의 구축, 차량과 무기, 농구, 옥기玉器 등의 제작에 관한 기사가 포함되어 있다. 이 가운데 도성 계획에 대한 원리는 이후 역대 왕조가 수도를 건설하는 데 반드시 참고해야 하는 하나의 전범이 되었다.

〈고공기〉에 의하면 한 나라의 도성의 기본 틀은 다음과 같다.

왕의 도성은 사방 길이가 9리이며, 각 변에 세 개씩의 문이 있고, 성안에는 동서 방향과 남북 방향의 간선도로가 각각 아홉 개씩 있으며, 각각의 가로 폭은 아홉 대의 수레가 나란히 통과할 수 있는 크기다. 중앙에는 왕궁이 있고, 왕궁에서 바라보고 왼쪽에는 종묘, 서쪽에는 사직단이 있으며, 전방에는 실무를 집행하는 조정이 있고 후방에는 시장이 있다. 시장과 조정은 일 무畝, 곧 사방 백 보의 넓이로 한다.

匠人營國, 方九里, 旁三門. 國中九經九緯, 經涂九軌. 左祖右社, 面朝後市. 市朝一夫.

〈고공기〉에 나타난 중국의 도성 건축의 원칙은 첫째 중앙궁궐中央宮闕, 둘째 좌묘우사左廟右社, 셋째 전조후시前朝後市, 넷째 좌우민전左右民廛으로 구분해 설명할 수 있다.

베이징 역시 이러한 전범에 따라 건설된 계획도시로서의 면모를 잘 갖추고 있다. 중앙에는 구궁故宮이 있고, 그것을 중심으로 전조후시로 현재의 톈안먼 광장에 해당되는 곳에 조정의 실무를 돌보는 관아가 즐비하게 늘어서 있었다. 톈안먼의 동쪽, 지금의 역사박물관이 있는 방향으로 종인부宗人府와 이부吏部, 호부戶部, 예부禮部, 병부兵部, 공부工部, 홍려시鴻臚寺, 흠천감欽天監의 건물이 있었고, 서쪽의 지금의 인민대회당이 있는 방향으로는 형부刑部와 대리시大理寺, 태상시太常寺, 도찰원都察院 등의 관

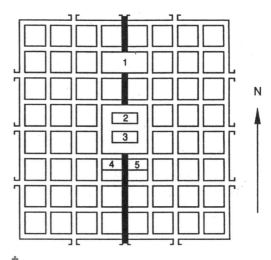

〈고공기〉에 의한 도성의 모습

N

청 건물들이 있었다.

당시 사람들은 이러한 배치를 놓고 동쪽은 살아 있는 것生을, 서쪽은 죽어 있는 것死을 취급하는 관청이라고 불렀다. 황궁의 뒤에는 저자市가 있었다. 또 좌묘우사로 황궁의 왼쪽에는 황제의 조상을 모시는 태묘太廟가 있고, 오른쪽에는 토지와 곡물의 신에게 제사 지내는 사직단이 있었다. 마지막은 좌우민전인데 황궁 주변에는 많은 숫자의 민가와 상점 및 왕자들의 집인 왕부 등이 있었다. 앞서 말한 대로 베이징은 처음부터 이 모든 것들을 고려해 건설한 거대한 계획도시였던 것이다.

재미있는 것은 새로운 왕조가 들어서면 바로 전 왕조의 기운을 누르고자 상징적인 의미가 있는 어떤 사업을 벌였다는 사실이다. 명 왕조는 원 대 황궁의 자리에 징산景山을 쌓아 올려 원나라의 기운을 누르는 '진산鎭山'으로 삼았고, 청은 중원을 지배하자 그 진산 위에 다섯 개의 정자를 만들어 청 황제의 위세로 명 왕조의 풍수를 진압하려 했다.

베이징의 종축선과 세계 지도

앞서 〈고공기〉에서 제시된 도성의 이상형 그림에서 특징적인 것은 남북으로 이어져 있는 종축선이다. 베이징은 계획도시로서 구궁을 중심으로 남북으로 이어진 종축선과 함께 톈안먼 앞을 동서로 가로지르는 창안다제長安大街가 십자 모양으로 교차되어 있다. 이것은 베이징의 가장 기본축을 이루고 있는데, 모든 건물과 길이 이것을 기준으로 삼고 있다고 해도 과언이 아니다. 한 나라의 수도로서 베이징의 종축선이 중시된 것은 바로 이곳이 천자가 사는 곳이기 때문이었다. 봉건 시대의 황제는 남면을 하며 조신朝臣들로부터 우러름을 받고 신민臣民을 통치한다는 상징적인 의미가 있었다.

전통적으로 중국에서 통치자는 남쪽을 바라보고 서서 정오의 가득 찬 태양 광선을 받는다. 그리하여 그는 남성의, 빛나는 양陽의 원리를 흡수한다. 또한 이로부터 신체의 앞은 양陽임을 알 수 있다. 반면에 통치자의 등과 후방 지역은 음陰, 여성, 어둠 그리고 속俗이다. *

구궁故宮을 중심으로 북으로는 징산景山을 거쳐 디안먼地安門과 구러우鼓樓, 중러우鐘樓까지 일직선으로 이어져 있으며, 그 길이 끝나는 곳에는 북극성에 해당하는 베이천챠오北辰橋가 있다. 남으로는 톈안먼 광장을 거쳐 정양먼을 나서면 쳰먼다졔前門大街가 융딩먼까지 남으로 곧게 뻗어 있으며, 융딩먼 옆에 하늘에 제사 지내는 톈탄이 자리 잡고 있다. 이 종축선 상에 있는 주요 건물들을 남쪽에서 북쪽으로 나열하면 다음과 같다.

> 융딩먼永定門, 정양먼正陽門, 다밍먼大明門*(또는 다칭먼大淸門, 중화먼中華門), 마오 주석 기념당**, 인민혁명기념비**, 국기게양대**, 톈안먼天安門, 돤먼端門, 우먼午門, 타이허먼太和門, 타이허뎬太和殿, 중화뎬中和殿, 바오허뎬保和殿, 쳰칭먼乾淸門, 쳰칭궁乾淸宮, 쟈오타이뎬交泰殿, 쿤닝궁坤寧宮, 선우먼神武門, 베이상먼北上門*, 징산먼景山門, 완춘팅萬春亭, 서우황뎬壽皇殿, 디안먼地安門*, 구러우鼓樓, 중러우鐘樓(이 가운데 *표시가 붙은 것은 현재 남아 있지 않은 것이고, **가 붙은 것은 현대에 새로 지은 것이다)

물론 이 가운데 가장 중심에 놓인 것은 황제가 집무하는 타이허뎬이다. 그리고 그곳으로 들어가려면 수많은 문을 거쳐야 한다. 그런 의미에서 흔히 하는 말로 '구중궁궐九重宮闕'이란 이렇듯 겹겹이 놓여 있는 문을 통과해야만 도달할 수 있는 곳을 뜻하는 것일 게다.

---

*Marcel Granet, 《Right and Left in China》 in R. Needham, ed., Right & Left: Essays on Dual Symbolic Classification, Chicago:Univ. of Chicago Press. 1973. p.49. (이-푸 투안, 구동회·심승희 옮김,《공간과 장소》, 도서출판 대윤, 2005, 72쪽에서 재인용.)

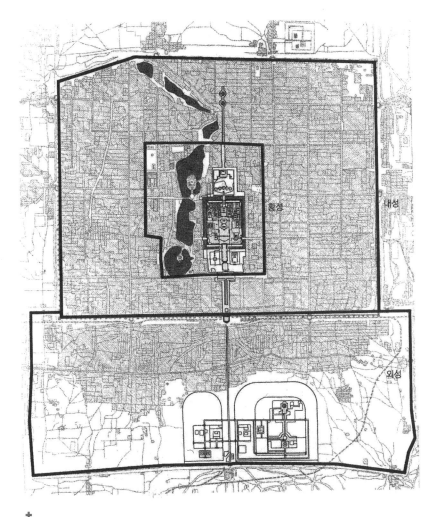

✛
베이징의 종축선(전봉희, 《중국북경가가풍경》, 공간사, 2003, 37쪽.)

이러한 종축선은 어쩌다 보니 이런 형국이 만들어진 게 아니라 도성을 설계할 당시 기획된 것이었다. 그리고 이것은 1950년대 베이징 지역에서 토목공사를 하는 도중 발견한 두 가지 유물로 증명이 되었다. 곧 디안먼 지하에서는 돌로 만든 쥐石鼠가 나왔고, 정양먼 지하에서는 말石馬이 나왔던 것이다. 쥐와 말은 12간지로 볼 때 자子와 오午에 해당하니, 곧 북쪽의 디안먼에서 남쪽의 톈안먼으로 이어지는 종축선이 도시의 자오선이었음을 의미하는 것이다. 또 1970년대 초에는 중국과학원 고고연구소와 베이징 시문물관리처가 합동으로 고고학적 발굴을 진행했는데, 이때 징산 북쪽 담밖에서 폭 18미터의 남북대로가 발굴되었다.*

이러한 남북 종축선을 횡으로 가로지르는 것이 톈안먼 광장 앞의 십 리, 아니 백 리 창안다제이다. 톈안먼 앞을 동서로 가로질러 곧게 뻗어 있는 창안다제는 베이징의 가로 중 가장 중요한 간선도로 역할을 한다. 예전에는 창안다제의 동쪽과 서쪽에 각각 창안쭤먼長安左門과 창안유먼長安右門**이 있어 이 두 개의 문을 잇는 가로를 창안제長安街라 불렀으며, 거리는 약 십리 정도 되었기에 '십 리 창안제十里長安街'라 일컬었다. 그러나 현재의 창안다제는 베이징의 동쪽에서 서쪽 끝까지 곧게 뻗어 있어 흔히 '백 리 창안제

---

*주용, 앞의 책, 13쪽.
**"명나라와 청나라 정부는 과거시험을 통해 관리를 선발했다. 가장 높은 단계인 진사進士 시험은 3년마다 쯔진청 안에서 치러졌다. 시험을 치고자 수험생들은 동쪽의 창안쭤먼을 통해 들어갔다. 시험이 끝나고 그 결과는 이 동쪽 성문 밖에 나붙었다. 그래서 창안쭤먼은 달리 '룽먼龍門'이란 명예로운 이름으로 불려졌다. '등용문登龍門'이란 말이 여기에서 나왔다. 이와는 대조적으로 서쪽의 창안유먼長安右門은 형벌 및 죽음과 관련 있다. 이 서쪽 문은 '후먼虎門'이란 이름을 얻었다. 매년 가을 첫 서리가 내리기 전 사형선고를 받은 죄수들은 이 '호랑이 문'으로 들어와 다음과 같은 간단한 질문을 받았다고 한다. '네가 받은 사형선고가 정당한 것인가 아니면 부당하다고 생각하는가?' 대부분의 죄인들은 심한 고문에 녹초가 되어 대답할 힘도 없었다. 간혹 운이 좋은 죄수는 다음 해 가을에 똑같은 질문을 다시 받을 때까지 1년을 더 살 수 있었다." (이은상, 《담장 속 베이징 문화》, 아름나무, 2008, 34쪽.)

百里長安街'라 부른다. 물론 이 구간 전체를 창안다졔라 부르는 것은 아니고, 구간 별로 '푸싱먼다졔復興門大街', '졘궈먼다졔建國門大街' 등과 같이 지역의 특성에 맞게 이름을 달리 하고 있다.

세계에는 수많은 도시가 있다. 이들 도시는 단순히 사람들이 모여 살기에 유리한 지리적 이점을 갖추고 있거나, 교통의 요지로 물물 교역의 중심지가 될 수 있다는 등 그 나름의 다양한 형성 배경을 갖고 있다.

한때 중국의 도읍지였던 많은 도시들이 《주례》〈고공기〉와 같은 고대의 경전에 바탕을 둔 정치 철학과 이데올로기의 현현으로서 설계되었다. 베

+
텐안먼 앞의 창안다제 © 조관희, 2004

이징 역시 베이징을 중화 세계의 중심으로 만들고자 하는 의도에 의해 설계되고 건설되었다. 이러한 목적을 달성하려고 엄청난 노력과 돈이 투여되었는데, 본래 평지 위에 건설되어 변변한 진산巓山이 없는 베이징에 그러한 역할을 하기 위해 징산景山이라는 인공의 산을 만들었다거나, 중국 남부 지방의 절경을 재현하기 위해 이허위안頤和園을 비롯한 황실의 원림園林을 조성했다거나 하는 등등이 바로 그것이다.

천하에 존재하는 모든 사물을 담아내고 있는 베이징은 그런 의미에서 세계의 축도이자 중심이 되며, 그 안에 거주하는 천자 역시 그에 걸맞은 권

위와 위세를 부여받게 된다.* 베이징은 세계의 모든 것이 존재하는 일종
의 '세계 지도Mappa Mundi'인 것이다.

---

*이와 연관해서 푸코는 '어떻게 한 사회가 자기 공간을 정리하고 그곳에 힘의 관계를 써넣었는가'라는
데 문제가 있다고 지적한 바 있다. (와카바야시 미키오, 앞의 책, 37쪽.)

중국을 이해하는 키워드 7

사 합 원

사합원은 중국 전역에 걸쳐 나타나는 가장 일반적인 주거 양식이다. 그 가운데에서도 베이징의 사합원이 가장 전형적인 것이라 할 수 있다. 베이징의 사합원은 중정 중심의 내향적, 폐쇄적 공간 구성과 좌우 대칭의 축적 구성, 위계적 공간 구성 등을 모두 갖고 있는 대표적인 주거 형식이다. 따라서 베이징의 사합원을 들여다보면, 중국의 전형적인 집의 특성을 살펴볼 수 있다.

왜 베이징 사합원인가?

흔히 사람이 살아가는 데 가장 기본적으로 필요한 것으로 의, 식, 주를 꼽는다. 집은 한 사람이 살아가면서 고단한 일상에서 휴식을 취하고 자신의 몸을 보호하는 데 필요한 필수적인 공간이다. 이러한 주거 공간에는 여러 가지 사회 문화적 요소가 복합적으로 작용한다. 이를테면 북반구에 위치한 지역은 자연스럽게 북쪽에서 불어오는 찬바람을 막아 주는 산을 등지고 남쪽에서 불어오는 뜨거운 바람을 식혀 줄 강을 마주하는 이른바 '배산임수背山臨水' 형태의 집을 선호한다. 또 같은 북반구라 하더라도 한랭 건조한 북부 지역과 고온 다습한 남부 지역의 집은 각각의 기후 조건에 맞는 형태를 띠게 마련이다.

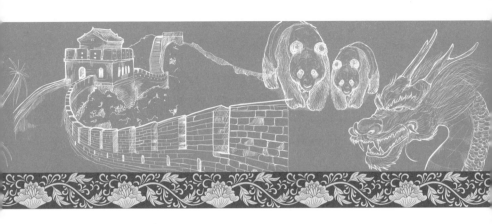

중국은 전체 유럽 대륙과 맞먹을 정도로 광대한 영토를 갖고 있으며, 그 땅에는 또 수많은 민족들이 살고 있다. 그에 걸맞게 중국 대륙에는 각각의 경제 조건이나 기후, 지형, 건축 재료 등에 따라 매우 다양한 주거 문화가 나타났다.

중국의 주택은 크게 보자면, 양쯔 강을 중심으로 북부와 남부로 나눌 수 있다. 북부는 화베이 평원을 중심으로 흔히 '사합원四合院'이라 부르는 주택 양식이 일반적으로 나타나며, 남부는 고온 다습한 기후 때문에 목조의 고상식高床式 주택이 주를 이루고 있다. 사합원은 목조와 벽식壁式 구조가 혼합된 중국 특유의 중정中庭 형 주택이고, 고상식 주택은 지상으로부터 습기를 막고자 지면에서 떨어진 바닥을 만들고 그 위에 주거 공간을 만든 것이다. 그 밖에도 외부로부터의 침입을 막으려고 극단적으로 폐쇄적인 공간 구성을 한 커쟈客家 인의 투러우土樓나 황토 고원 지대에 보편적인 야오둥窯洞과 같이 특이한 주거 형식도 있다.

그러나 이렇듯 다양한 주거 양식이 있지만, 결국 중국을 대표하는 주거

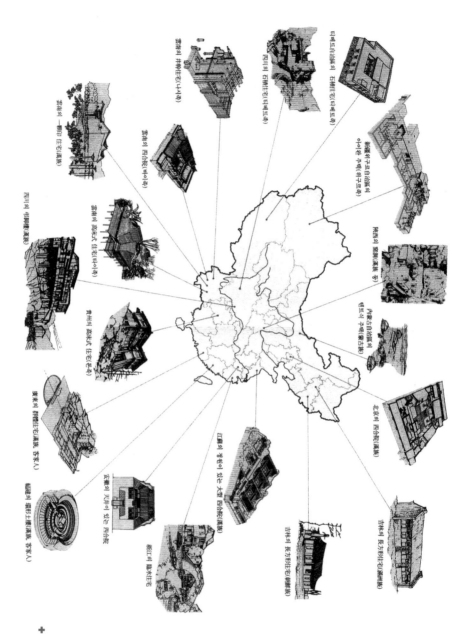

＋
중국의 여러 가지 주거 유형(손세관, 《북경의 주택》, 열화당, 1995, 17쪽.)

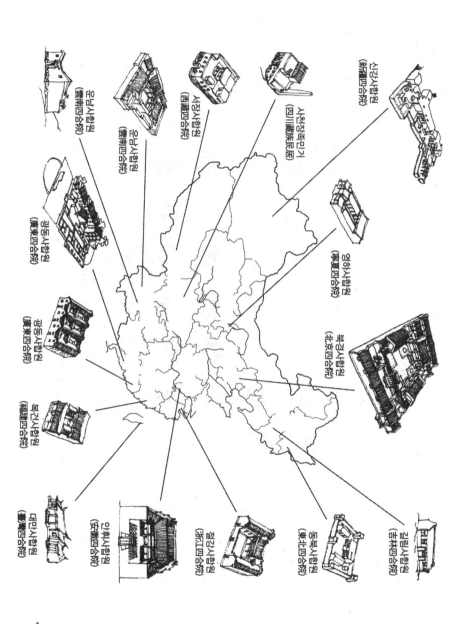

신강사합원
(新疆四合院)

사천장족민거
(四川藏族民居)

서장사합원
(西藏四合院)

운남사합원
(雲南四合院)

운남사합원
(雲南四合院)

광동사합원
(廣東四合院)

광동사합원
(廣東四合院)

복건사합원
(福建四合院)

대만사합원
(臺灣四合院)

안휘사합원
(安徽四合院)

절강사합원
(浙江四合院)

동북사합원
(東北四合院)

길림사합원
(吉林四合院)

영하사합원
(寧夏四合院)

북경사합원
(北京四合院)

+
전국에 분포하는 다양한 사합원들(전봉희, 《중국북경가가풍경》, 공간사, 2003, 54쪽.)

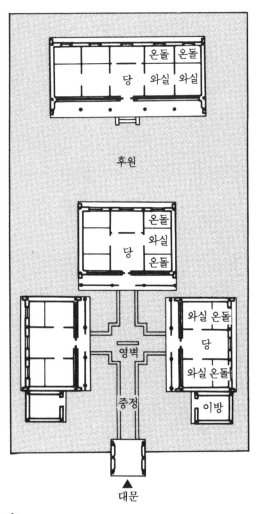

형태는 사합원이라 할
수 있다. 본래 화베이
지역을 중심으로 발달
한 사합원은 거의 중국
전역에 걸쳐 나타나는
가장 일반적인 주거 양
식이다. 이러한 사합원
형식에서 주택의 원형
을 이루는 것은 '횡장
방형橫長方形' 주택으로,
이것은 단순한 형태를
띠는 가장 원시적인 주
택 형식이라 할 수 있
다. 북방의 기후 특성
에 따라 건물의 전면이
남쪽을 향하고 그 앞에
넓은 마당을 만들어 놓
았는데, 농업 사회였던
고대에는 바로 이곳이
주된 작업 공간 노릇을

+
세 채의 독립된 건물이 뒤집어진 '요凹' 자 형태를 띠고 있다.(손
세관, 《북경의 주택》, 열화당, 1995, 61쪽.)

했다. 아울러 건물은 대개 세 칸이나 다섯 칸으로 구획했는데, 중앙은 거
실로 쓰고 좌우의 공간은 침실로 썼다. 이른바 '일명이암一明二暗'이란 말이

여기서 나온 것이다.

이런 횡장방형 주택을 공간적으로 확장한 것이 '삼합원'이다. 이것은 말 그대로 세 채의 건물이 중앙을 둘러싸고 있는 형식인데, 이것은 다시 크게 세 가지로 나뉜

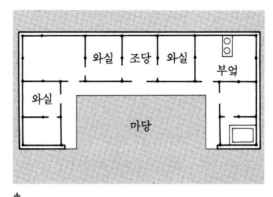

와실　조당　와실

와실

부엌

마당

✛
주택 양쪽 끝이 전방으로 돌출된 형태의 삼합원(손세관, 《북경의 주택》, 열화당, 1995, 61쪽.)

다. 첫째, 공간적으로 가장 느슨한 형식을 가지는 것으로 세 동의 독립된 건물이 요凹자 형으로 배열된 형식이다. 이것은 건물이 서로 연결되지 않고 독립되어 있으므로 중정을 둘러싸는 폐쇄성의 정도가 약하고, 이에 따라 중정을 향한 공간의 구심성 또한 약하다.

두 번째 형식은 횡장방형 주택의 양쪽 끝이 전방으로 확장되어 나온 형상을 가지는 것으로, 쓰촨이나 구이저우 등의 농촌 지역에 널리 분포되어 있다. 남쪽을 제외한 삼면은 두꺼운 벽으로 창을 설치하지 않아 북풍을 막고 중정을 향한 면은 개구부를 많이 설치해 햇빛을 충분히 받도록 한 것이다.

세 번째 형식은 '폐쇄형 삼합원'으로, 매우 방어적이고 배타적인 공간 구성을 취하는 주거 형식이다. 이것은 남쪽의 대문을 제외하면 외부와 완전히 단절되어 있는 것이 특징이다. 윈난에서 일반화된 일과인一顆印 주택이 대표적으로, 중정을 둘러싸는 모든 건물이 이층으로 구성되어 더욱 폐쇄

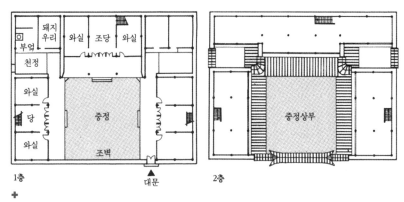

삼합원 세 번째 유형(손세관, 《북경의 주택》, 열화당, 1995, 63쪽.)

적인 느낌을 준다.*

사합원은 삼합원에서 한 걸음 더 나아가 사방을 모두 건물로 막아 극도로 폐쇄적인 공간 구성을 하고 있는 것이다. 이는 앞서 말한 대로 중국의 일반적인 주택 양식을 대표하며, 그 가운데서도 베이징의 사합원이 가장 전형적인 것이라 할 수 있는데, 그 까닭은 다음과 같다. 첫째, 베이징에서 일반화된 주거 형식인 사합원은 중국의 주거 문화를 대표하고 있다. 둘째, 수도인 베이징은 그 전체 조직에서부터 작은 단위 주택에 이르기까지 일관된 사상과 논리에 의해 구성되어 있다. 이를 통해 중국인의 우주관과 도시관 그리고 그들의 주거관을 동시에 파악할 수 있고, 그 상호간의 관계 또한 파악할 수 있다. 마지막으로 중국의 도시 가운데 도시 조직과 주택의 관계를 비교적 정확하게 파악할 수 있는 도시가 베이징이라는 것이다.**한편 문화적인 관점에서 바라보면, 한족漢族을 중심으로 형성된 중국의 주거 문화는 매우 독자적인 성격을 지니는데, 여기에는 앞서 말한 한족 특유의 철학과 종교, 가족제도 등 여러 가지 사회적인 요인들이 작용했다. 첫째, 도道의 개념에 바탕을 둔 음양陰陽의 이원적 정신세계가 만들어 낸 특이한 공간 개념을 들 수 있다. 둘째, 종법宗法에 기반을 둔 봉건 사회를 유지해 온 국가로서의 위계적 질서와 혈연적인 유대 관계이다. 셋째, 몇 대가 한 집에 거주하는 대가족 위주의 가족제도와 마지막으로 민간 신앙의 일종인 풍수風水 사상이 그것이다. 베이징의 사합원은 이러한 사회적인 요인들의 여러 가지 특성들, 곧 중정中庭 중심의 내향적, 폐쇄적 공간 구성과 좌우 대칭의 축적軸的 구성, 위계적 공간 구성 등을 모두 갖고 있는 대표적인 주거 형식이다. 따라서 베이징의 사합원을 들여다보면, 중국의 전형적인 집의 특성을 살펴볼 수 있다.

* 손세관, 《북경의 주택》, 열화당, 1995, 60~61쪽.
** 손세관, 위의 책, 12쪽.

베이징 사합원의
공간 구성 원리와 구조

　베이징 사합원은 앞서 말한 한족 특유의 종교와 철학, 가족제도 등이 한데 어우러진 몇 가지 구성 원리를 갖고 있다. 첫째, 내향적이면서 폐쇄적인 공간 구성을 하고 있다. 둘째, 축을 중심으로 하는 좌우대칭적인 구조이다. 셋째, 중정 중심의 공간 구성과 이를 통한 확장을 들 수 있다. 넷째, 단위 공간의 반복을 통한 규모의 확장이 특징적이다. 다섯째, 공간 구성이 위계적이다.

　첫째, 사합원뿐 아니라 중국의 주택들은 대부분 그 공간 구성이 폐쇄적이고 내향적이라는 특징이 있다. 이것은 중국인 특유의 전통적인 세계관인 '하늘은 둥글고 땅은 모가 났다天圓地方'라는 생각을 반영한 것이다. 이에 따라 주택의 모양 역시 정방형이 기본 꼴을 이루고 있다. 여기서 한 걸음 더 나아가 가운데 중정中庭을 중심으로 건물들이 이를 포위하듯 둘러싸는 이른바 중정형 형식의 건물이 등장한 것은 멀리 한漢 대와 당唐 대까지 거슬러 올라간다. 이후 송을 거쳐 베이징이 정식으로 한 나라의 수도가 되는 원 대에 이르면 이민족 지배자인 몽골족이 자신들 고유의 주택 양식을 버리고 송 대까지 내려온 중국 고유의 규범을 계승하되 신분 질서에 따라 건축 규모와 형식을 엄격하게 규제했다. 그러나 원의 통치는 길게 이어지지

못했고, 다시 한족 왕조인 명
이 들어섰다. 명 대에는 베
이징에서 물러난 몽골족을
대신해서 인근의 산시山西에
서 대량의 이주민들이 옮겨
왔다. 명 초기에는 수도가
난징이었으나, 이내 3대 황
제인 영락제가 다시 수도를
베이징으로 천도하자 다시
남방에서도 많은 사람들이
베이징으로 이주했다. 이에
따라 베이징의 사합원은 산
시와 남방의 영향을 받아 현
재와 같이 중정을 가운데 두
고 좌우에 상방을 배치한 형
태를 띠게 되었다.

둘째, 이렇듯 중정을 중심
으로 사방을 둘러싼 형태를
취한 사합원 건물은 가운데
종축선을 중심으로 좌우 대

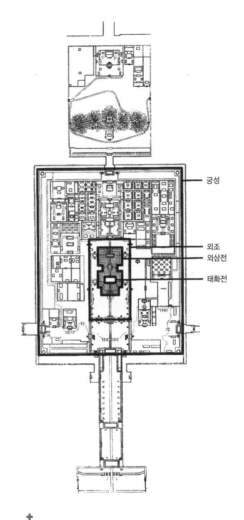

궁성

외조
외삼전

태화전

✛
중국 주택의 다양한 의미를 하나로 체현하고 있는 쯔진
청(전봉희, 《중국북경가가풍경》, 공간사, 2003, 35쪽.)

칭적으로 구성되어 있다. 이것 역시 중국 건물 대부분이 동일하게 취하고
있는 하나의 구성 원리라고 할 수 있다. 곧 중국의 건축물에 있어서 '가장

✚
극단적인 폐쇄 공간의 대표 격이라 할 커쟈 족의 투러우

중요한 건물, 즉 당옥堂屋은 항상 남쪽을 향하게 배열되는 동시에 기단 위에 위치하게 된다. 이것은 하늘의 명을 받은 황제의 자리가 항상 북극성을 뒤로하는 곳에 위치하면서 모든 위치의 중심을 점한다는 천자天子 중심의 사상에서 유래된 것'이다. * 이것을 확장해 도성의 건축 역시 마찬가지로 그 한가운데를 가로지르는 종축선을 중심으로 좌우가 대칭이 되는 형식을 띠고 있다(우리는 바로 앞장에서 베이징의 종축선에 대해 살펴본 바 있다).

———

*손세관, 앞의 책, 102쪽.

✚
투러우의 내부 ⓒ 조관희, 2006

　셋째, 북반구에 속하는 중국의 경우 겨울에는 북쪽에서 불어오는 찬바람을 막고 여름에는 남쪽에서 불어오는 뜨거운 바람을 식히기 위해 산을 등지고 물을 마주하는 이른바 배산임수背山臨水의 명당明堂이라는 개념이 공간 구성의 중요한 원리가 되었다. 이에 따르면 베이징 사합원에서 명당은 바로 중정이 된다. 배산임수와 좌청룡, 우백호로 둘러싸인 명당 개념이 사합원에서 당옥의 전면에 중정이 자리하고, 그 양 측면과 전면에 청廳이라는 건축 공간이 에워싸는 형태로 체현되는 것이다.

　넷째, 건축 기술의 제약으로 고대에는 규모가 큰 단일 건축물이나 다층 구조의 건물을 짓는 게 불가능했다. 따라서 대규모 건축은 일정 규모의 건

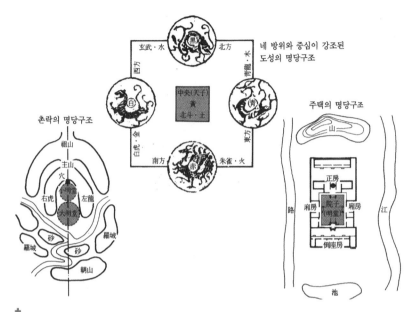

+

풍수 개념에 대응시킨 명당의 구조(손세관, 《북경의 주택》, 열화당, 1995, 63쪽.)

물을 반복해 모아 놓는 방식으로만 실현할 수 있었다. 이것은 사합원의 경우도 마찬가지다. 사합원의 가장 기본적인 형태는 일원일조一院一組의 삼합원이다. 이것을 기본 단위로 종축선을 따라서 기본 단위를 반복해 부가함으로써 건축 규모를 무한 증식할 수 있는 것이다. 고대 중국 최대의 건축군인 베이징의 쯔진청 역시 이런 방식으로 구축된 것인데, 성벽 안에는 크고 작은 약 400여 동의 건물들이 위계적으로 배열되어 있다.

그런 의미에서 고궁의 구성은 일종의 '프랙탈Fractal'이라 할 수 있다. 프랙탈이라는 이름은 1975년 브누아 B. 만델브로트에 의해 지어졌으나, 이러한 형상들에 관한 추상적 논의는 훨씬 이전부터 있었다. 이것은 언제나 부분

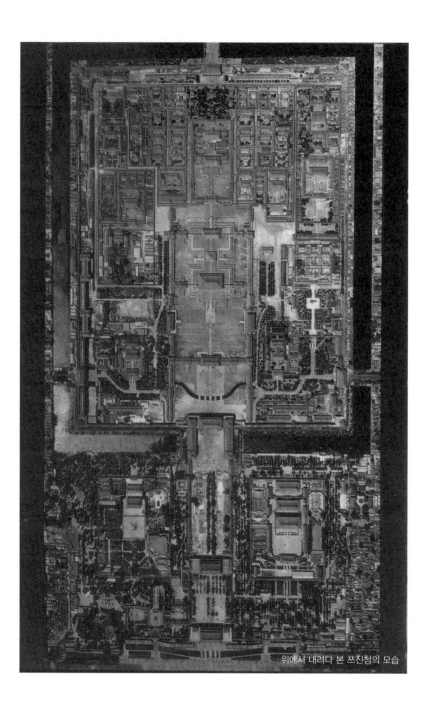

위에서 내려다 본 쯔진청의 모습

코흐 눈송이(왼쪽), 시어핀스키 삼각형(오른쪽)

이 전체를 닮는 자기 유사성self-similarity과 소수小數 차원을 특징으로 갖는 형상을 일컫는다. 이를테면 칸토르 집합, 코흐 눈송이, 시어핀스키 삼각형 등이 그 예이다.

한편 사합원은 네 동의 건물이 가운데 마당을 둘러싸고 있다는 의미로, ㅁ자 형의 한 공간 단위를 1진進이라 부른다. 베이징의 사합원은 이러한 단순한 공간 구성을 기본으로 하되, 원자院子라고도 부르는 중간의 정원을 하나의 단위로 2진원, 3진원, 4진원으로 확대될 수 있다. 당연하게도 이러한 규모의 차이는 경제적인 요인 때문이기도 하지만, 사회 계층에 따라 나뉘기도 한다.

다섯 째, 유가적 종법제에 의한 대가족 제도를 유지해 왔던 중국에서는 가족 구성원이 한 집에 모여 사는 경우가 많았다. 이 때문에 중국의 집은 규모가 클 뿐 아니라 가족 구성원들의 위계에 따라 각각의 건물에 거주하는 사람들이 구분되었다. 이를테면 집 안의 중심이 되는 건물에는 그 집안의 최연장자가 거주하고, 그 다음 건물에는 그 아랫사람이 거주하는 식으

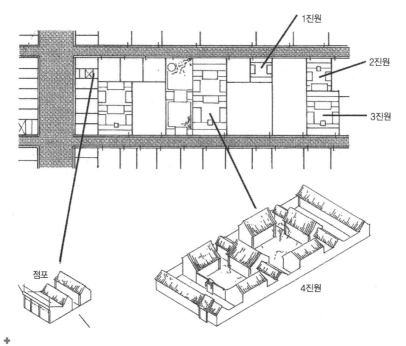

로 공간이 적절하게 배분되었다. 아울러 사합원은 가족만을 위한 공간을 별도의 차폐 수단을 통해 외부인의 시선이나 접촉으로부터 보호하였다. 곧 손님이 머무는 객실은 주택의 전면에 배치하고 그 사이에 수화문垂花門을 만들어 공간을 물리적으로 분리하였다.

이상과 같은 공간 구성의 원리에 따라 만들어진 사합원은 일반적으로 다음과 같은 구조를 갖고 있다.

우선 사방을 두른 담장은 '조벽照壁'이라 부르는데 속된 외부 세계로부터

내부의 복을 지킨다는 의미를 갖고 있다.

동남쪽 담장에는 집으로 들어가는 거의 유일한 통로라 할 수 있는 대문이 있는데, 대개 동남쪽을 향하고 있으며, 후통胡同이라는 베이징의 가로와 면하고 있다. 특이한 것은 대문의 위치인데, 베이징의 사합원은 정중앙이 아닌 오른쪽으로 약간 치우친 위치에 대문을 냈다. 이것은 송 대 이후 선천팔괘先天八卦 사상의 영향을 받은 것이다. 그러나 속설에 의하면 악귀는 정면으로만 다닐 수 있기 때문에 악귀가 들어올 수 없게 문을 살짝 옆으로 비껴 세운 것이라고도 한다.

대문은 그 집에 살고 있는 사람의 신분과 경제력에 따라 크게 옥우식(屋宇式, house-type)과 장원식(墻垣式, wall-type)이라는 두 가지 형식으로 나뉜다. 옥우식은 대문을 하나의 독립된 건물처럼 규모를 갖추어 만든 것이고, 장

+
옥우식 대문(왼쪽), 장원식 대문(오른쪽) ⓒ 조관희, 2004

원식은 담장과 구별되지 않게 간소하게 처리한 것이다. 옥우식은 다시 그 장식이나 지붕의 형식 등에 따라 왕부대문王府大門, 광량대문廣亮大門, 금주 대문金柱大門, 만자문蠻子門, 여의문如意門 등으로 나뉜다. 또 옥우식의 경우 그 사이 공간인 대문간이 있는데, 이 입구에는 하인이 걸터앉는 의자가 놓여 있다. 그리고 대문을 장식하는 문잠門簪의 개수는 집주인의 신분에 따라 2~5개까지 그 숫자가 엄격하게 제한되었고, 일반 서민의 경우는 아예 가질 수 없었다.

또 대문의 문설주 아랫부분을 받치는 심방목(중국어로 문돈門墩) 역시 집주인의 신분에 따라 두 가지 형태를 띤다. 곧 문관인 경우는 필통을 의미하는 직사각형, 무관의 경우 전쟁터에서 울리는 북 모양으로 되어 있는 것이다. 후자의 경우는 포고석抱鼓石이라고도 부른다.

✚
문관의 집(왼쪽), 무관의 집(오른쪽) ⓒ 조관희, 2004

사합원은 대문을 들어서면 바로 집 안으로 들어가는 게 아니라 좁고 긴 마당인 전원前院이 있어 집 안의 외부 세계와 내부 세계를 구분해 준다. 대문을 통해 전원으로 들어갈 때 바라보이는 벽은 영벽影壁이라 하는데, 이것은 대문을 통해 들어오는 외부의 시선을 차단함으로써 가족의 생활공간을 보호하는 기능을 한다. 아울러 이 벽면은 다양한 무늬와 길상어吉祥語로 장식하거나 주변을 자연석 등으로 꾸며서 집주인의 취향을 외부인에게 드러내 보인다.

전원을 들어서면 중정과 전원 사이를 가로막는 담장이 있고, 가운데에 문이 하나 있다. 이것을 두 번째 문이라는 뜻에서 이문二門 또는 내문, 수화

✦
영벽 ⓒ 조관희, 2007

문垂花門이라 한다. 주된 기능은 외부인의 시선을 다시 한 번 차폐하고 나아
가 외부인의 동선을 차단하는 데 있다. 곧 여기부터는 외부 사람이 주인의
허락 없이는 들어올 수 없다. 나아가 집안에 미혼 처녀가 있다면 그 활동
범위 역시 이곳까지로 제한된다. 그런 의미에서 이 문은 실질적으로 집 안
의 내부와 외부를 구분하는 하나의 경계선인 셈이다.

　수화문은 대문과 마찬가지로 집주인의 사회적, 경제적 지위를 과시하는
수단이었기에 화려하게 장식했다. 특히 수화문은 목조 틀을 그대로 드러
내는 축조법을 취했기에 문양과 채색을 가미할 수 있는 부분이 그만큼 많
았다. 그 형식은 지붕이 두 개 연이어 있는 형식을 취하는 일전일권봉식一

✛
정방 © 조관희, 2009

殿一卷棚式과 하나의 지붕을 갖는 단권붕식單卷棚式으로 나뉜다. 어느 것이든 동선의 차단을 위한 기반문棋盤門과 시각적 차폐를 위한 병문屛門이 혼합된 구성을 갖고 있다.

수화문 앞에는 도좌방倒座房을 두었다. 이것은 말 그대로 거꾸로 들어앉은 방을 의미한다. 곧 집 안의 다른 건물과 달리 도좌방은 전면의 가로에 면해 있으면서 건물 정면은 오히려 가로가 아닌 집 쪽을 향한다. 그리고 가로에 면한 벽면에는 눈높이보다 약간 높은 곳에 가로로 작은 창을 내었는데, 이것은 중정을 중심으로 사방을 에워싼 사합원 건물에서 유일하게 외부로 나 있는 창이다. 도좌방은 주로 하인들이 거주하거나 손님이 머무는

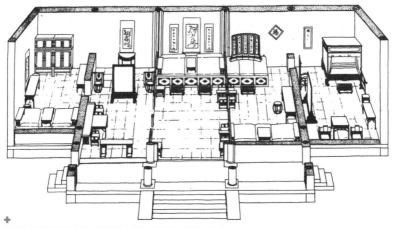

곳으로 쓰였다.

　수화문에 들어서면 본격적으로 집의 내부로 들어가게 된다. 수화문이 있는 담장을 제외하면 정면과 좌우로 세 채의 건물이 가운데 정원(중정)을 에워싼 형태를 취하고 있다. 이 방들은 집안의 위계에 따라 식구들에게 배분되는데, 정면에 있는 정방正房에 집안의 어른이 거처하고, 그다음 위계에 따라 동쪽과 서쪽의 방에 식구들이 살게 된다.

　사합원을 이루는 각각의 단위 건물은 청廳이라 부르며, 또 각각의 청은 다시 세 개의 공간으로 분리된다. 이 가운데 중앙에 있는 공간을 당堂이라 하는데, 조상의 위패를 봉안하는 조당祖堂이나, 집안 식구들이 모여 식사하는 곳 등 집안의 중심이 되는 곳이다. 당의 좌우 공간은 침실로 쓰였다. 침실의 배분에도 일종의 위계가 있어, 일부다처 제도가 존재했던 과거 중국 사회에서는 동쪽 방은 정실부인, 서쪽 방은 첩이 사용했다. 이렇듯 공적인

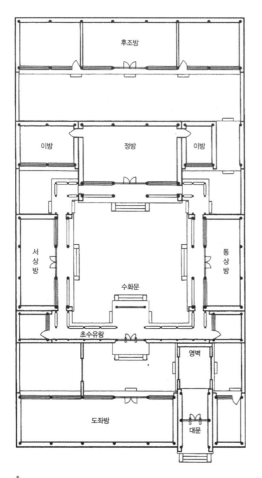

후조방

이방   정방   이방

서상방   동상방

수화문

초수유랑

영벽

도좌방

대문

+
전형적인 사합원 배치도(전봉희, 《중국북경가가풍경》, 공간사,
2003, 59쪽.)

공간인 당을 중심으로 사적인 공간인 침실이 좌우로 배치되는 것을 '일명이암一明二暗'이라 부른다.

좌우의 상방廂房 역시 집안의 위계에 따라 배분된다. 장자長子가 동쪽에 살고, 차자次子가 서쪽에 사는 게 일반적이다. 그리고 집 가운데 위치한 중정은 원자院子라고도 부르며, 주거 공간의 핵이 되는 곳으로, 앞서 말한 집 안의 명당明堂이 바로 이것이다. 중정에는 더운 여름에 그늘을 만들어 주는 나무를 심거나 어항이나 화분이 놓였다. 이곳은 명실상부한 가족의 주된 활동 공간인 셈이다.

중규모 이상의 사합원 주택에는 정방의 후면에 또 하나의 길고 좁은 마당이 있는데, 이것은 후원後院으로, 여기에 면한 건물이 후조방後罩房 또는

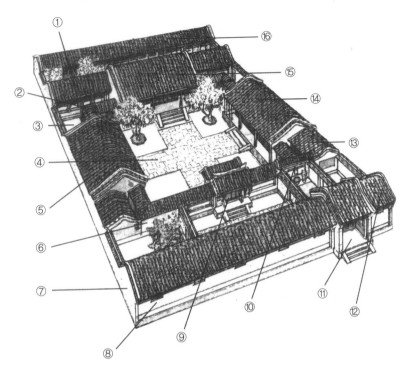

① 이방(耳房)은 정방(正房)이 이어진 방이나, 크기는 정방보다 한참 작다.

② 와각랑(窩角廊)은 정방과 동·서상방을 연결하는 역할을 한다.

③ 노지(露地)—베이징 사합원 내부는 대부분 경질 포장로이나, 이곳만 진흙토로 되어 있다.

④ 베이징 사합원의 형태는 정방형에 가까운 방형이다.

⑤ 서상방(西廂房)은 둘째 아들과 넷째 아들이 머무는 곳이다.

⑥ 초사랑((秒手廊)과 베이징 사합원의 유랑(游廊)은 위치도 다르고 이름도 다르다.

⑦ 베이징 사합원의 화장실은 이곳에 설치되어 있다.

⑧ 도좌방(倒座房)은 사합원 최남단에 있다. 이곳은 북향이기 때문에 정방과는 반대라는 의미에서 도좌방이라는 이름을 얻게 되었다.

⑨ 중문(中門)이 역시 수화문(垂花門)이다.

⑩ 영벽(影壁)은 보통 과산영벽(跨山影壁)과 독립영벽(獨立影壁)으로 나뉘는데, 이것은 독립영벽이다.

⑪ 대문(大門)은 종종 동남쪽 모서리에 낸다.

⑫ 사숙원은 일반적으로 동남쪽 모서리에 있다. 사적인 곳이기 때문에 원내 통행의 영향을 받지 않는다.

⑬ 주방(厨房)은 일반적으로 이곳에 있다.

⑭ 동상방(東廂房)은 큰 아들(장자)과 셋째 아들이 머무는 곳이다.

⑮ 정방(正房)은 일반적으로 세 칸이며 조당(祖堂)이 있는 곳으로, 가장(家長)의 방이다.

⑯ 후조방(后罩房)은 규방(閨房)이 있는 곳에 있다. 가장 사적이고 은밀한 곳이기 때문에 사합원 가장 뒤쪽에 있다.

✛
베이징 사합원의 구조

후조루後罩樓이다. 이곳은 미혼의 딸이나 여자 하인들의 거처로 사용되었으며, 경우에 따라서는 부엌이나 여성용 작업실로도 쓰였다. 한마디로 후조방은 사합원의 가장 깊은 곳에 위치한 부녀자들을 위한 공간으로, 밖으로 나갈 수 있게 작은 문을 내기도 했다. 베이징의 경우 후통의 일조권을 중시해 고층 건물을 짓지 못하게 했는데, 후조방은 예외적으로 2층으로 짓는 경우도 있었다.

사합원은 동서남북의 네 방향에 건물이 위치해 중정을 완전히 둘러싸는 폐쇄적이고 방어적인 공간 구성을 하고 있다. 이것은 외부의 위협으로부터 가족을 보호하고, 내부에는 풍요로운 자연을 담는다는 관념을 체현한 것이다. 곧 사합원은 네 동棟의 건물이 가운데 마당을 둘러싸고 있는 낙원이라는 의미를 갖는다.

대잡원과 대원

왕조 시대의 베이징은 그 주요 기능이 황제를 비롯한 황실 가족과 그들을 보필하는 관원들의 거주지로 한정되었다고 해도 과언이 아니다. 비록 많은 숫자의 일반 백성이 성안에 살고 있었지만, 성의 주인은 엄연히 황제였다. 이에 따라 거주지 또한 높은 성벽으로 구분되어 황성과 내성, 외성은 크게 보면 하나의 성안이지만, 각 공간 사이의 소통은 거의 없다시피 했다. 곧 근대 이전의 베이징은 황제의 권력을 체현하고자 치밀한 기획 아래 각각의 기능에 맞게 분리되었던 것이다.*

분리된 공간을 물리적으로 나누는 것은 높은 담장과 벽이었다. 베이징 성벽이 도시 전체를 감싸는 하나의 거대한 담장이라면, 내성과 외성을 구분하는 성벽 또한 각각의 공간을 나누는 담장이다. 그리고 내성의 내부는 다시 황성과 궁성으로 나뉘어 여러 개의 동심원이 하나의 위계질서를 이루는 중첩된 구조를 갖고 있다. 어찌 그뿐이랴. 베이징에 살고 있는 서민의

---

*푸코가 말한 대로 '공간이 집단적 삶이 가지는 모든 형태의 근본을 이루는 것'이라면, '도시는 그곳에 사는 사람들의 집단적 삶의 표현이며 따라서 도시설계는 한 사회의 야망을 도시 전체에 표현하는 일'이라 할 수 있다.(최윤경, 《7개 키워드로 읽는 사회와 건축 공간》, 시공문화사, 2003, 15쪽과 42쪽에서 재인용.)

✚
후통 사람들 ⓒ 조관희, 2002

대표적인 주거 형태인 사합원 역시 사방이 벽으로 둘러싸여 있다. 그래서
혹자는 베이징 사람들의 성격이 이러한 '담장 문화', 또는 '벽 문화'의 영향
을 받은 것이라 주장하기도 했다. 그 담장墻 안에서 사람들은 비로소 편안
하게 안도安堵의 한숨을 내쉴 수 있는 것이다.

> 한가한 여름 저녁, 저녁 해가 서편으로 저물고, 달이 동쪽에서 올라오면, 작
> 은 의자를 가로놓고, 진하지도 연하지도 않은 차를 마시며, 친구들을 둘 셋
> 불러 세상사에 대해 이야기를 나눈다.*

또 어떤 이는 중국의 전통 문화를 역대 왕조의 수도 별로 창안長安 문화, 볜량汴梁─린안臨安 문화, 베이징 문화로 구분했다. 그리고 각각의 특징에 대해 창안 문화는 동서고금의 민족이 서로 융합되어 하나가 된 혼합형, 개방형, 진취형의 문화, 볜량─린안 문화는 응집형, 사변형, 수렴형 문화, 베이징 문화는 폐쇄형, 보수형, 외래문화에 대해 거부하면서도 마지못해 흡수한다는 식의 문화형으로 규정하기도 했다.** 이 구분을 따르자면, 베이징 문화를 보수적이고 폐쇄적으로 만든 것은 결국 도시를 둘러싼 크고 작은 담장 때문이 아니었을까?

그러나 봉건 왕조가 무너지고 난 뒤 베이징에 큰 변화가 찾아왔다. 그 변화를 몰고 온 것은 새롭게 베이징으로 이주해 온 사람들이었다. 앞서 베이징 성의 변화를 시기별로 구분했거니와 가장 최근에 일어난 사건은 바로 사회주의 신중국의 성립이다. 청 왕조 멸망 이후 중국은 군벌들이 각축을 벌이는 가운데 일본 제국주의로 대표되는 외세가 전 중국을 유린했던 내우외환의 현장이 되었다. 그러나 앞서도 살펴보았듯이 해방 이후 국민당과 공산당의 대결에서 국민당이 타이완으로 쫓겨 간 뒤 새롭게 대륙의 주인이 된 중국 공산당은 베이징을 자신들의 의도에 맞게 철저하게 개조했다. 이에 따라 베이징의 주요한 거주 공간인 사합원의 주인도 바뀌었다.

본래 베이징의 가장 보편적인 주거 형태인 사합원은 한 가족이나 하나

---

*양둥핑, 앞의 책, 300쪽.
**중국 민정부·중국사회출판사 편저, 김하림 옮김, 《중국인도 다시 읽는 중국사람 이야기》, 에디터, 1998, 75쪽.

여러 세대가 살고 있는 대잡원 안쪽 풍경 ⓒ 조관희, 2002

의 호구가 거주하던 공간이었다. 그러나 1949년 신중국 수립 이후, 특히 문혁 이후 하나의 사합원을 개조해 새로 방을 드리거나 해서 직업이나 신분, 나아가 경제적인 조건이 서로 다른 사람들이 모여 살게 되었다. 이로 인해 사합원은 본래의 면모를 잃게 되었는데, 이것을 대잡원大雜院이라 부른다. 이것은 말 그대로 '크고 잡다하며 어지러운 정원大而雜亂的院子'이라는 것을 의미한다. 하나의 가구가 살았던 사합원이 여러 가구가 밀집해서 살아가는 대잡원으로 바뀐 것은 서울의 오래된 단독 주택이 점차 다세대 주택으로 바뀐 것과 동공이곡同工異曲인 셈이다.

  사실상 대잡원의 등장은 베이징의 인구가 늘어남에 따라 어쩔 수 없이 생겨난 현상이라고 봐야 할 것이다. 아울러 베이징의 역사만큼이나 오래된 후통의 사합원들은 더 이상 방치할 수 없을 정도로 낡아 베이징의 도심이 점차 슬럼화되고 있는 것도 사실이다. 이에 따라 후통의 재개발이 추진되고 있는데, 이것은 꼭 앞서 말한 국가 권력이나 자본의 논리에 따른 재개발과 또 다른 의미에서 진행되는 자연스러운 과정이라고 할 수 있다. 그런데 후통의 재개발에도 몇 가지 유형이 존재한다.

쥐얼후통菊兒胡同 개조 작업은 후통 내 상태가 좋은 사합원은 원상태로 남겨 두고, 인구가 조밀하고 붕괴 위험이 있는 곳은 사합원 식 배치를 살려 2~3층 짜리 건물을 짓도록 하는 것이다. 궈쯔젠졔國子監街의 구획 정리는 시장 메커니즘에 따라 낡은 주택과 공장 건물을 철거하고 사합원을 새로 지어, 옛 거리에 더욱 고풍스러운 분위기가 나도록 했다. 하지만 개발업자들은 대규모 부동산 개발에 따라오는 경제적 가치를 따지기 때문에, 쥐얼후통 개조공사 같은 소규모 방식에는 어려운 점이 있다. 경제적인 어려움이 있지만, 후통의 전통적 개조는 시험 단계에 들어서 있다.

2002년 2월 21일, 베이징 시 계획위원회 책임자는 싼옌징후통三眼井胡同이 베이징 시내 최초로 사합원 본래의 풍격을 간직하면서 동시에 현대적 시설을 갖춘 역사 문화 보고 구역이 될 거라고 말했다. …… 이번의 새로운 사합원 개조 방안은 본래 사합원이 가진 건축과 골목 사이의 척도와 비례 관계를 유지하고 사합원의 건축 스타일을 유지하면서, 그 기초 위에서 건축 척도를 조정하여 현대인의 생활에 적합하도록 만들어 갈 것이다. 설계 방안에 따르면 사합원의 자연스럽고 조화로운 분위기 그리고 역사적 무게감을 최대한 살린다. 도로가 융통성이 없다거나 건축이 특색 없이 비슷하기만 하다거나 공간에 변화가 부족하다거나 하는 폐단을 피하고, 대문, 가림담, 조각된 벽돌, 편

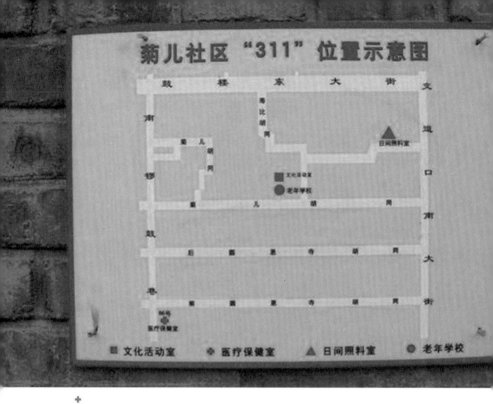

쥐얼후통 배치도 ⓒ 조관희, 2004

액, 대련 등 세부 설계를 결합시킨다. 이로써 싼옌징 역사 문화 보호구역에
전통과 역사의 문화적 함의와 생명력을 불어넣는다는 것이다.*

혹자는 도시의 공간은 하나의 역사적 생산의 과정이며, 사회적 존재의
매개체이자 산물이라고 주장했다.** 결국 베이징 시내의 후통에서 일어
난 변화 역시 중국 현대사의 흐름과 맥을 같이하고 있으며, 그곳에서 일어
난 정치적 격변이나 사회 현상 등이 공간으로 체현된 하나의 결과물이라
할 수 있다. 같은 맥락에서 브론펠스는 도시를 정치 형태와 이상적 질서의
반영이라고 규정했다. 그것은 새로운 정치적 프로그램은 항상 새로운 형

태의 건축 및 도시를 필요로 해 왔으며, 결국 과거 도시들은 당시의 정치적 현실을 재현한 것***이기 때문이다.

신중국 수립 이후 베이징에는 새로운 이주민들이 대거 몰려들었다. 이들은 베이징의 새로운 주인들이라 할 수 있는 중국 공산당의 간부와 관료, 대학이나 연구소 등과 같은 교육 기관에 소속된 지식인들이었다. 이들의 등장으로 베이징의 분위기 역시 빠른 속도로 변화했다. 이제 베이징은 더 이상 보수적이고 폐쇄적인 도시가 아니라 오래된 것과 새로운 것, 보수와 급진, 아雅와 속俗이 병존하는 도시가 되었다.**** 무엇보다 이들 신 베이징인들의 주거지는 이제까지 베이징에 존재하지 않았던 새로운 문화를 만들어 냈다.

---

*주융, 앞의 책, 191쪽.

**Lefebvre, H. The Production of Space, Oxford: Basil Blackwell, 1991. (최윤경, 앞의 책, 39쪽에서 재인용.)

***Braunfels, W. Urban Design in Western Europe: Regime and Architecture, 900-1900, Chicago: University of Chicago, 1988[1976]. (최윤경, 앞의 책, 40쪽에서 재인용.)

****양둥핑, 앞의 책, 23쪽.

후퉁 문화와 대원 문화

베이징은 황제와 관료들이 베이징의 주인이었던 시절에도 궁정 문화와 사대부 문화 등 정통 체제 문화와 세속 사회의 서민 문화가 극명하게 대립했다. 그것을 가능하게 만든 것은 황실 및 관료 기관과 관료들의 거주지를 일반 백성과 분리시켰던 높은 성벽이었다. 그런데 왕조가 멸망한 뒤에 등장한 신중국에도 이러한 성벽이 다시 등장했다.

> 시창안졔西長安街의 연장선상에 있는 무시디木樨地에서 북쪽으로 바이스챠오白石橋를 거쳐 중관춘中關村에 이르는 대로 양편에서 우리는 또 하나의 도시 경관을 보게 된다. …… 과거 황량한 교외였던 이곳의 큰길 양옆으로는 담벼락과 담벼락이 죽 이어진다. …… 대부분의 대문에는 기관이나 부문의 이름이 표시되어 있지 않고, 그저 비밀스런 번호판이 걸려 있을 뿐이다.*

이곳이 바로 신중국 수립 이후 새롭게 베이징에 이주한 신베이징인들의 집단 거주지인 대원大院이다. 대원은 벽으로 둘러싸인 넓은 정원을 의미하는데, 이는 같은 단위(單位, 사회주의 중국에서 직장을 일컫는 새로운 용어)에서 근무하는 사람들이 한데 모여 사는 단지를 가리킨다. 1949년 사회주의 정권이 들어선 뒤 베이징에는 중국 공산당 간부와 지식인들이 주류를 이루는 이른바 신베이징인들이 대거 몰려들었다. 대원은 바로 이들을 위해 넓은 부지에 담장을 두르고 그 안에 주택과 사무실, 병원, 상점 등 일상생활에 필요한 시설들을 두루 갖추어 놓은 공간이었던 것이다. 그래서 대원에 사는 사람들은 굳이 일을 보러 외부에 나갈 일이 없었다.

베이징의 대원은 두 종류로 나뉜다. 하나는 공산당, 정부, 군의 지휘 기관이고, 또 하나는 과학, 교육, 예술 분야, 예를 들면 대학, 연구소, 극단, 병원 등의 기관이다. 전형적인 대원은 일터와 직원의 생활 구역이 일체화된 독특한 공간을 만들어 낸다. 벽으로 둘러싸인 광대한 구역에 거주 인구는 수천 명에서 수만 명에 이르고, 거의 모든 기능이 집중된 작은 사회를 구성하고 있다.

강당, 체육관, 수영장, 각종 모임 장소, 공중목욕탕, 병원, 상점 등 일체가 갖춰져 있다. 일부 대원에는 유치원, 초등학교, 중등학교, 우체국, 서점, 은행, 파출소 등도 있다. 직장에서부터 의식주에 이르기까지 모든 것이 소속 기관에 의해 제공·관리되고, 생활에 필요한 것은 거의 다 대원 안에서 얻을 수 있다.**

대원의 등장은 베이징의 주인이 또 한 번 바뀌었다는 것을 의미한다. 오랫동안 베이징에 터를 잡고 살아왔던 라오베이징인들을 밀어내고 신중국

---

*양둥핑, 앞의 책, 154쪽.
**양둥핑, 앞의 책, 155쪽.

수립 이후 베이징에 새로 이주해 온 신베이징들인이 베이징의 새로운 주인이 된 것이다. 이들은 '주로 국가 기관이나 당 중앙 소속의 선전과 이론, 뉴스, 출판 부문, 과학원, 대학, 국가 급 문화예술 단체 등 중국의 상층 기관에서 일한다'. 그리고 이들은 대부분 베이징 토박이가 아니기 때문에 쓰는 말은 토박이 베이징 어가 아니라 '각 지방의 사투리를 엮어 주는 표준어, 즉 보통화普通話다'. 이것은 어쩔 수 없는 현실이다. 그동안 최고 권력자의 위치에 올라 베이징에 거주하며 중국을 통치했던 지도자들을 보더라도 마오쩌둥은 후난 태생이고, 덩샤오핑은 쓰촨 사람이다. 이들 말고 상층 계급 사람들 역시 대부분 지방 출신이기에 엄밀하게 말하자면, 베이징에서 통용되는 최고 계층의 말은 지방 방언이라 해도 과언이 아닌 것이다.[*]

대원에 살고 있는 사람들은 점차 베이징이라는 대도시 내의 독립된 게토의 거주민이 되어 그들만의 문화를 만들어 냈다. 곧 왕조 시대에 황성과 내성, 외성으로 구분되어 각각 별개의 문화가 발달했듯이, 대원의 등장으로 기왕의 후통을 중심으로 발달해 온 경미 문화에 새로운 변화가 찾아온 것이다. 이에 혹자는 오랫동안 베이징에 터를 잡고 살아 왔던 베이징 토박이인 라오베이징의 문화를 후통 문화라 한다면, 신중국 수립 이후 베이징에 이주해 온 신베이징의 문화는 대원 문화로 부를 수 있다고 주장했다. 이 두 가지 문화는 근대 이전 내성과 외성에 살았던 사람들의 문화가 서로 달랐던 것 이상으로 큰 차이를 보이고 있다.[**]

---

[*] 양둥핑, 앞의 책, 156쪽.
[**] 양둥핑, 앞의 책, 158~163쪽.

첫째, 본래 베이징의 기본 단위는 사합원, 곧 가정이었으나, 신중국 시대의 베이징의 기본 단위는 대원, 곧 단위가 되었다. 그리고 사합원이나 대잡원에서는 다양한 신분과 직업의 사람들이 한데 어울려 살지만, 대원의 거주민은 같은 단위의 직원들과 그 가족들이다. 두 곳에 살고 있는 거주민들은 서로 간에 교류조차 없었으니, 생활 방식 또한 완전히 딴판일 수밖에 없었다. 대원에서 태어나 살고 있는 아이들은 후통의 사합원에 들어가 본 적도 없었고, 초, 중등학교를 대원 안에서만 다녔기 때문에 자연스럽게 후통에 살고 있는 친척이나 친구가 없었다. 그러다 보니 대원에 살고 있는 사람들은 자신이 베이징 시민이라는 생각조차 희미한 경우가 많이 있다. '이 때문에 그들이 '베이징이라는 곳'을 이야기할 때, 자신이 사는 곳이 아닌 다른 곳을 이야기하듯이 한다'.

본래 베이징 문화를 대표했던 경미 문학의 선도자 격인 작가 류신우劉心武는 자신의 소설 《중구러우鐘鼓樓》에서 베이징 시민의 정의를 다음과 같은 일곱 가지로 열거한 바 있다.

여기서 말하는 시민은 광의의 시민이 아니다. 넓은 의미에서 말하자면 베이징에 거주하는 사람은 모두 베이징 시민이다. 여기서 말하는 시민은 그런 '토착'적인 성격을 가진 시민을 가리키며, 곧 최소한 삼대 이상 베이징에 거주하고, 베이징의 '하층 사회'를 구성하는 그런 가장 보편적인 주민들인 것이다. 여기서 '하층 사회'는 당연히 차용해 온 어휘다. 신중국 성립 이후에는 베이징 성의 어떤 주민들이라 하더라도 인격적으로 모두 평등하며 착취자와 피 착취자, 압제자와 피압제자의 계층 구분은 존재하지 않는다. 그래서 좀 더 정확

✛
후통에 있는 음식점 앞에서 손님을 기다리며 소일하고 있는 인력거꾼들

하게 표현하자면 그들의 특징을 다음과 같이 개괄할 수 있다. 첫째, 정치적인 지위로 말하자면, 간부의 범주에 속하지 않는다. 둘째, 경제적인 지위로 말하자면, 낮은 봉급자의 범주에 속한다. 셋째, 전체적인 문화 수준으로 말하자면, 낮은 문화 범주에 속한다. 넷째, 전체적인 직업의 특징으로 말하자면, 대부분 도시의 서비스업이나 공업 가운데서는 기술적인 숙련도가 조금 떨어지는 육체 노동적 요소의 비중이 좀 더 높은 쪽에 속한다. 다섯 째, 거주 구역으로 말하자면, 대부분 베이징 성안의 아직 개발이 덜 된 크고 작은 후통과 대잡원에 집중되어 있다. 여섯 째, 생활 방식으로 말하자면, 상대적으로 전통적인 색채를 비교적 많이 보존하고 있다. 일곱 째, 전체적인 상황으로 볼 때 베

이징 성 내의 기타 거주민들보다 한곳에서 오래 살려고 하는 안정성이 높다.

그러나 이런 정의도 이젠 옛말이 되었다. 이제 베이징의 주인은 더 이상 후퉁이나 대잡원에 살고 있는 거주민이 아닌 것이다. 이에 따라 대원에 살고 있는 아이들은 후퉁에 살고 있는 아이들에 대해 신분적인 우월감마저 갖게 되었다. 심지어 문화대혁명 때 전위대 역할을 했던 홍위병 운동 역시 베이징의 유명 중고등학교에 다니는 고급 간부 자녀들이 시작한 것이었다.

1966년 5월 29일, 칭화대학淸華大學 부속중학 학생 7명이 처음으로 비밀리에 홍위병을 조직했다. 그 뒤를 이어 베이징의 명문중학교(중ㆍ고등학교)들이 홍위병 운동의 주력 학교가 되었다. 8ㆍ1학교, 10ㆍ1학교, 베이징대학 부속중학, 런민대학人民大學 부속중학, 101중학, 위잉育英중학, 제4중학, 제6중학, 제8중학, 사범대학 부속여자중학, 징산학교 등이 이름을 올렸다. 이들 학교는 어느 곳이나 고급 간부 자녀들의 전문학교이거나, 그들이 많이 다니는 엘리트 학교였다.

동세대의 공통 의식이 형성되는 중요한 조건은 빈번한 접촉과 교제가 이루어질 수 있는 환경이다. 고급 간부 자녀가 모이는 학교와 그들이 집중하여 거주하는 대원大院은 이 조건에 딱 들어맞는 곳이었다.*

---

*양둥핑, 앞의 책, 245쪽.

신베이징인들은 대원 안에서 단순한 대원 문화가 아닌 일종의 '엘리트 문화'를 만들어 냈다. 그 자녀들 역시 이러한 엘리트 문화에 물 들은 데다 어려서부터 같은 학교를 다니며 자신들의 신분에 대한 우월감을 키웠다. 거기에 그 부모들인 중국 공산당 간부와 지식인들은 일찍부터 혁명에 참가해 간난신고를 겪으며 오랫동안 군사화, 조직화, 집단화된 군인 생활에 익숙해 있었고, 자신들의 자녀가 공산주의청년단('공청'이라 약칭함)이나 공산당에 입당해 자신들과 같은 길을 걸을 것을 기대했다.

그런 까닭에 자녀들은 어려서부터 정치에 대한 야심이 강했고, 상대적으로 정치에 대해 무관심하고 별다른 욕심 없이 살아가는 후통 내 사합원에서 살아가는 소시민들을 바보 취급했던 것이다. 그러나 대원 문화가 베이징에서 주류 엘리트 문화가 되었다고는 해도, 사실상 큰 강물 속에 도도히 흐르는 우통수처럼 오늘도 묵묵히 베이징을 지켜 가고 있는 것은 후통에서 살고 있는 절대 다수의 베이징 시민이라 할 수 있다.

중국을 이해하는 키워드 8

K E Y W O R D

홍 루 몽

중국의 소설 가운데 유명한 것으로는 흔히 '사대기서'라 부르는 명 대의 《삼국지연의》, 《수호전》, 《서유기》, 《금병매》와 청 대의 《유림외사》, 《홍루몽》을 꼽는다. 이 가운데서도 가장 유명한 것은 역시 《홍루몽》이다. 현대 중국인에게 《홍루몽》은 만리장성과도 바꿀 수 없는 소중한 문화유산이다. 평생 권력을 추구했던 서태후도 《홍루몽》의 애독자였으며, 평소 등장인물 가운데 한 사람인 가모를 자처했다고 한다.

《홍루몽》의 작자

　중국 역사를 시대별로 나눈 뒤 각각의 시대를 대표하는 문학 장르를 꼽으면 당시唐詩, 송사宋詞, 원곡元曲을 들 수 있다. 이 세 가지 장르는 시라고 하는 하나의 뿌리에서 나온 것으로, 중국식 표현으로 '동공이곡同工異曲'이라 할 수 있다. 서구의 문학이론가 루카치(Georg Lukacs, 1885~1971)가 근대 사회의 가장 대표적인 장르로 장편소설을 꼽은 바 있듯이, 중국의 경우에도 명, 청 시대에 접어들면 장편뿐만 아니라 단편소설이 대표적인 문학 장르로 대두된다. 바야흐로 이전 시대까지 제대로 된 문학 작품으로 대접받지 못했던 소설이 일찍이 없었던 성황을 누리게 된 것이다.

　명, 청 양 대에 나온 소설의 양은 그야말로 '한우충동汗牛充棟'이라 할 만큼

많은데, 그 가운데 유명한 것으로 흔히 '사대기서四大奇書'라 부르는 《삼국지연의三國志演義》,《수호전水滸傳》,《서유기西遊記》,《금병매金甁梅》를 들고 있다. 하지만 이것들은 모두 명 대에 나온 것이고, 청 대에 나온 소설 중에서는 《유림외사儒林外史》와 《홍루몽紅樓夢》을 꼽는다. 혹자는 이 여섯 작품을 아울러 '6대 소설六大小說'이라고도 부르는데, 이 가운데서도 가장 유명한 것은 역시 《홍루몽》이다. 예전에 영국인들이 셰익스피어를 자신들의 식민지인 인도와도 바꿀 수 없다고 했다지만, 현대 중국인에게 《홍루몽》은 만리장성과도 바꿀 수 없는 소중한 문화유산이다.

평생 권력을 추구했던 서태후西太后도 《홍루몽》의 애독자였으며, 평소 등장인물 가운데 한 사람인 가모賈母를 자처했다고 한다. 《홍루몽》은 초기에는 필사본으로 떠돌다 1791년에야 목판본이 나왔는데, 나오자마자 큰 화제를 불러일으키며 일시에 유행하였다. 작자에 대해서는 초기 필사본과 뒤에 나온 인쇄본 모두에 명확하게 밝혀진 게 없었다. 하지만 제1회 본문 속에 이 책의 형성 과정이 서술되는 가운데 '차오쒜친曹雪芹'이 댜오훙쉬안

베이징 다관위안에 있는 차오쉐친 조상(왼쪽), 차오쉐친이 만년에 살았다고 추정되는 베이징 서쪽 교외 '황예춘' 표지석(오른쪽) © 조관희, 2005, 2007

悼紅軒에서 10년간 열람하고 모두 다섯 차례에 걸쳐 첨삭을 가하고 목록을 작성하고 장회를 나누었다'라는 기록이 있어 차오쉐친을 작자로 여기게 되었다.

차오쉐친(曹雪芹, 약 1715~1763년경)은 이름이 잔霑이고, 자는 쉐친雪芹이다. 친푸芹圃, 친시쥐스芹溪居士 등의 자나 호도 사용했고, 멍롼夢阮이라는 자를 쓰기도 했다고 한다. 그는 본래 청조 명문거족의 후손으로 난징에서 태어나 어려서는 온갖 부귀영화를 맛보았지만, 13살에 가세가 기울어 온가족과 함께 베이징으로 이주했다. 이후의 생활에 대해서는 자세한 기록이 없지만, 만년에 접어들어서는 매우 궁핍해져 베이징 서쪽 교외인 샹산香山 근처에서 고통스럽게 살았다고 한다. 당시만 해도 샹산 근처는 황량한 교외에 지나지 않았으니, 차오쉐친은 이곳에서 매일을 죽으로 겨우 끼니를 때우고 외상으로 술을 사 마시며 곤궁하게 지냈다. 차오쉐친은 나이가 들어 후처를 맞아 아들을 하나 두었다. 그런데 이 아들이 1762년 가을에 갑자기 병을 얻어 추석날 죽어 버렸다. 실의에 빠진 차오쉐친은 그 슬픔을 이기지 못하고 술로 날을 지새우다 자신도 병을 얻어 같은 해 섣달 그믐날(양력 1763년 2월 12일) 세상을 뜨고 말았다.

차오쉐친은 명문가의 귀공자로 태어나 고금에 정통한 학식과 교양을 쌓고 남부럽지 않은 부귀와 영화를 누렸지만, 말년에는 집안이 몰락해 빈곤과 천대 속에 살았다. 나무에 상처가 나면 옹이가 되듯이, 사람은 곤경에 처하면 내면에 잠재해 있는 천재성이 발휘되는 것인가? 집안의 몰락 이후 차오쉐친은 염량세태炎凉世態의 냉혹함과 비정함을 동시에 맛보게 되었으니, 이를 통해 세상사의 허망함을 느끼게 된 것은 망외의 소득이라고 해야 할지. 아무튼 차오쉐친은 실제 삶이 영락한 뒤로 《홍루몽》의 창작에 몰두해, 자신의 직접 체험을 통해 터득한 '모든 것은 무상하고, 온갖 것들이 다 허망하다—切無常 萬境皆空'라는 이치를 작품 속에 담아내었다.

홍루의 꿈

《홍루몽》은 준수한 용모와 총명함을 갖춘 주인공 쟈바오위賈寶玉가 명문 대가에 태어나 그를 둘러싼 아름다운 소녀들과 꿈같은 어린 시절을 보내는 것으로 이야기를 시작한다. 하지만 차츰 가세가 기울어감에 따라 주위 여러 자매들이 하나둘 그의 곁을 떠나 각각 비극적 최후를 맞고, 결정적으로 쟈바오위는 원치 않는 결혼을 하게 된다. 여기에 사랑하는 여인의 죽음까지 겪은 그가 인간사의 비정함을 깨닫고 번뇌하다 끝내 홍루의 대저택을 떠나 눈 덮인 황야로 떠난다는 줄거리를 담고 있다.

전체가 120회로 이루어진 이 소설은 첫 회에서 주인공의 내력을 밝히는데, 처음에 등장하는 인물은 전스인甄士隱과 쟈위춘賈雨村이다. 여기서 두 인물의 이름은 중국어로는 같은 발음인 전스인眞士隱과 쟈위춘假語存으로도 읽을 수 있으니, 말인즉 '진정한 선비는 사라지고, 거짓말은 남는다'라는 뜻이다. 곧 《홍루몽》에 등장하는 인물과 사건들에는 그 안에 담긴 우의寓意를 다양하게 해석할 수 있는 여지가 있다. 그 가운데 하나가 제1회에 나오는 태허환경太虛幻境에 나타난 우의다. 태허환경이라는 환상적인 공간은 사실 현실 세계에 대한 우의를 나타내고자 제시된 것인데, 그리로 들어가는 일주문에는 다음과 같은 대련이 써 있다.

가짜가 진짜가 될 때 진짜 또한 가짜이고, 무가 유가 되는 곳에서 유 또한 무가 된다.

假作眞時眞亦假, 無爲有處有還無.

거짓과 진실이 혼돈스럽게 얽혀 있다는 것은 '색즉시공, 공즉시색'의 경지가 현실 속에 실현되고 있다는 것을 말함이니, 지은이는 그러한 경지를 다음과 같이 설파하고 있다.

이야기는 모두 허튼 소리 같지만, 실로 피눈물로 쓰인 것이거늘
모두들 지은이를 어리석다 하지만, 이 속의 진미를 아는 이 그 누구더뇨?

滿紙荒唐言, 一把辛酸淚.

都云作者痴, 誰解其中味.

또 제5회에서 쟈바오위는 낮잠을 자다 꿈을 꾸는데, 이때 만난 징환센구 經幻仙姑는 바오위에게 인간의 정이란 한낱 물거품 같은 것이라서 영원한 것이 아니라는 사실을 일러 준다.

봄꿈은 구름 따라 흩어지고, 바람에 날리는 꽃은 물 좇아 흘러가네.
모든 남녀에게 말하노니, 하필이면 부질없는 수심을 찾으려 드는고.

春夢隨雲散, 飛花逐水流.

寄言衆兒女, 何必覓閒愁.

하지만 어쩌랴. 인간의 고통과 환락 또한 정에서 나오는 것을. 다만 그 임시에는 그것이 자신의 업에서 나온 것임을 까맣게 잊고 살다 뒤늦은 깨달음으로 회한에 빠지는 게 속인들의 상사러니.

하늘과 땅에 사무치는 고금의 정은 다할 날이 없고,
어리석은 정에 빠진 남녀의 안타까운 회포 풀 길이 없도다.
厚地高天堪歎古今情不盡,
痴男怨女可憐風月債難酬.

쟈바오위는 소설의 여주인공인 린다이위林黛玉를 만나는 순간 '어디선가 본 듯한 낯익은 얼굴'이라는 느낌을 받지만, 전생의 인연을 알 길 없는 두 사람은 이생에서의 사랑을 이루고자 애를 쓴다. 린다이위는 누구인가? 서 발 막대 사지로 휘둘러야 아무도 걸리는 게 없는 천애고아로 다수다감多愁多感한 천성은 오히려 인생의 걸림돌이 될 뿐, 독서와 시작詩作은 유일한 출구요, 눈물은 삶의 반려였다. 그러한 그녀의 성격이 극명하게 드러나는 것이 어느 봄날 땅에 떨어진 꽃을 모아 장사 지내며 눈물짓는 광경이다.

아아, 하늘 끝 어디에 꽃 무덤 있으리오?
차라리 꽃잎을 비단 주머니에 담아
한 무더기 정한 흙에 풍류자질 묻어 주지.
깨끗이 피었다 깨끗이 가야 할 너를
내 어찌 더러운 시궁창에 썩혀 버리랴.

네가 지금 죽어서 내가 묻어두지만 이 몸은 과연 어느 날 묻힐까 보냐?

꽃 장례 지내는 나를 어리석다 웃지만

다음날 내가 죽으면 그 누가 묻어 줄까?

天盡頭, 何處有香丘?

未若錦囊收艷骨, 一淨土掩風流.

質本潔來還潔去, 强於汚陷渠溝.

爾今死去收葬, 未卜身何日喪?

今葬花人笑痴, 他年葬知是誰?

사실상 쟈바오위와 린다이위는 전생에 '목석木石'의 인연이었으니, 그런 사실을 모르고 있는 두 사람은 서로의 진심을 확인하는 데만 해도 수많은 우여곡절과 갈등을 겪다 끝없는 사랑의 미로 속에서 애를 태우며 눈물만 흘린다. 결국 쟈바오위는 린다이위와 현실에서 사랑을 이루지 못하고 '금석金石'의 연인인 또 다른 여주인공 쉐바오차이薛寶釵와 원치 않는 결혼을 하게 된다. 혼례가 있던 날 밤, 다이위는 그들의 결혼 소식을 듣고 피눈물을 쏟으며 그동안 써두었던 바오위에게 바치는 시고詩稿를 불태우며 절명하고 만다. 린다이위가 가버린 뒤, 쟈바오위는 꿈속에라도 그녀를 한 번 보기를 원하지만, 그마저도 뜻대로 되지 않는다. 그는 또다시 태허환경을 몽유하는데, 이때 자신의 비극적인 사랑이 인간으로서는 어쩔 수 없는 운명이라는 사실을 알게 됨과 동시에 홍진세계紅塵世界의 모든 현상이 결국 허무한 꿈에 불과하다는 것을 깨닫게 된다.

《홍루몽》의 무대

　소설 속에서 쟈賈씨 집안이 가장 흥성했을 때는 바오위의 누나인 위안춘 元春이 귀비에 책봉되어 입궁할 때라 할 수 있다. 위안춘의 친정 나들이省親 를 위해 쟈씨 집안에서는 귀비가 머물 새 집을 짓게 되는데, 이것이 다관위 안大觀園이다. 이곳은 중국인들이 그리는 이상향으로, 위안춘이 다녀간 뒤 로는 쟈바오위를 비롯한 가문의 여러 자매들의 거처로 사용되었다. 소설 속의 다관위안은 현재 베이징에 새롭게 건설되어 남아 있다. 1984년에 시

✛
다관위안 ⓒ 조관희, 2009

작되어 1988년부터 4년여의 공사 기간을 거쳐 완공된, 총 면적 12만 5천 제곱미터의 땅에 건물 면적만 8천 여 평에 이르는 거대한 규모의 저택이다.

이곳에는 소설 속 등장인물들이 거처하던 공간이 그대로 재현되어 있으며, 곳곳에 실물 크기의 인형들이 배치되어 소설 속의 분위기를 한껏 드러내고 있다. 청 대 귀족들의 일상적인 삶은 우리가 생각하는 이상으로 화려하고 사치스러웠는데, 다관위안에 오면 그러한 생활상을 여실하게 느낄 수 있다. 다관위안의 중심 건물은 역시 이 공간의 주인 격인 귀비 위안춘의 친정 나들이 시 행궁으로 썼던 다관러우大觀樓다.

이 밖에도 봄맞이를 위해 세워진 주이진러우綴錦樓와 가을을 완상하는

+
'원비성친元妃省親'을 기념한 패방 ⓒ 조관희, 2005

곳인 츄성자이秋爽齋에서는 아름다운 자연 경치를 완상할 수 있다. 그리고 주인공인 쟈바오위와 쉐바오차이의 거처인 이홍위안怡紅園과 헝우위안衡蕪園은 청 대 귀족의 우아함과 화려함을 당당하게 표출하고 있다.

차오쉐친이 말년을 보냈던 베이징 서쪽 교외에는 고증을 통해 그가 살았을 거라 추정되는 황예춘黃葉村에 그의 문학 혼을 기리는 기념관이 있다. 이곳은 야트막한 산으로 둘러싸여 있고, 앞으로는 실개천이 흐르며, 주변에 수목과 화초가 잘 가꾸어져 있어 아늑하고 고적한 정원 같은 느낌을 준다. 하지만 차오쉐친이 살았을 당시에는 베이징 교외의 한적한 시골 마을에 불과했을 터이니 오가는 사람 역시 많지 않았을 것이다. 이곳에서 차오

+
이훙위안(왼쪽), 헝우위안(오른쪽) ⓒ 조관희, 2005

+
황예춘 차오쉐친 기념관 입구(왼쪽), 차오쉐친 기념관(오른쪽) ⓒ 조관희, 2005

쉐친은 세계 문학사에 빛나는 명작을 쓰고자 말 그대로 자신의 뼈를 깎아 붓을 삼고, 피를 찍어 글을 쓰는 심정으로 《홍루몽》을 창작했을 것이다. 그역시 《홍루몽》을 창작하며 느꼈던 고통을 다음과 같이 토로한 바 있다.

✦
차오쉐친 기념관에 있는 차오쉐친 석상 ⓒ 조관희, 2007

글자 하나하나를 보매 모두 나의 피로 쓰였으니, 10년 동안의 고생스러움이

심상한 것이 아니었다.

字字看來皆是血 十年辛苦不尋常.

차오쉐친 개인의 삶과 《홍루몽》쟈씨 가문의 영욕은 어느 한 개인이나
집안의 일에 그치지 않고 어찌 보면 중국 역사와 닮은 것은 아닌가 하는
생각을 지울 수 없다. 한때 모든 영화를 누리다 몰락의 길을 걸어간 것이
중국의 굴곡진 근현대사의 모습과 많이 닮아 있기 때문이다.